심리학으로 말하다

학교 폭력

심리학으로 말하다
학교 폭력

초판 1쇄 발행 | 2021년 4월 20일

지은이 | 피터 K. 스미스
옮긴이 | 정지숙
펴낸이 | 조승식
펴낸곳 | 돌배나무
공급처 | 북스힐
등록 | 제2019-000003호
주소 | 01043 서울시 강북구 한천로 153길 17
전화 | 02-994-0071
팩스 | 02-994-0073
홈페이지 | www.bookshill.com
이메일 | bookshill@bookshill.com

ISBN 979-11-90855-07-5
      979-11-90855-00-6 (세트)
정가 13,500원

• 이 도서는 돌배나무에서 출판된 책으로 북스힐에서 공급합니다.
• 잘못된 책은 구입하신 서점에서 교환해 드립니다.

심리학으로

07

SCHOOL BULLYING

말하다

학교 폭력

Peter K. Smith | 정지숙 옮김

피터 K. 스미스 Peter K. Smith는 영국 골드스미스 런던 대학교의 심리학 명예 교수로, 학교 폭력에 대한 다수의 서적과 논문을 집필하고 편집했다. 2015년 인간 발달에 대한 우수 연구로 윌리엄 티에리 프라이어William Thierry Preyer 상을 수상했다.

정지숙은 성균관대학교에서 영어영문학을 전공하고 이화여자대학교 통·번역대학원에서 번역학 석사학위를 취득했다. 현재 동대학원 통·번역연구소 소속의 영한 및 한영 전문번역가이자 연구자로 정부 과제 및 기업 의뢰 번역을 수행하고 있으며 문학, 문화, 기술, 경제 분야의 프리랜서 번역가로 활동 중이다. 옮긴 책으로는 '심리학으로 말하다' 시리즈 『다이어트』(2021)가 있다.

01 학교 폭력에 대한 정의와 연구 성과 • 7

02 괴롭힘에 대한 통계의 함정 • 38

03 누가 괴롭히고, 누가 괴롭힘을 당할까? • 71

04 학교 폭력의 영향과 결과 • 105

05 어떻게 도울 수 있을까? • 133

06 괴롭힘이 발생하면? • 160

07 괴롭힘에 대한 더 많은 이야기 • 188

주 • 223
추가자료 • 233
참고문헌 • 236

01
학교 폭력에 대한
정의와 연구 성과

'괴롭힘'이라는 말은 옛 기억을 불러일으킨다. 누구나 어떤 형태로든 학교 폭력을 목격하거나 직접 경험해 본 적이 있을 것이다. 하지만 학자를 비롯하여 사회가 학교 폭력에 대해 진지하게 관심을 보이기 시작한 것은 기껏해야 1980년 대 이후부터다. 교내 폭력과 왕따로 인한 자살 등 주로 미디어의 조명을 받은 비극적인 사건들이 세간의 이목을 끄는 계기가 되었다. 1장에서는 학교 폭력이란 무엇인지, 이에 대한 그간의 연구가 어떻게 이루어졌는지, 그리고 금세기 들어 나타나는 사이버 괴롭힘 등 학교 폭력이 주로 어떤 형태를 띠는지에 대해 대략적으로 살펴보겠다. 이 책의 전반적인 주제는 학교에서의 왕따나 학령기 아동 사이의 폭력과 괴롭힘에 관한 것이다. 물론 괴롭힘은 대학, 가정, 직장, 그 외 다른 기관에서도 발생할 수 있다. 학교 이외의 상황에서 벌어지는 폭력에 대해서는 마지막 장에서 짧게 다룰 것이다. 하지만 많은 사람들이 괴롭힘 하면 떠올리는 이미지는 어린 시절과 회복하기 힘든 고통에 관한 것들이다.

먼저 몇 가지 예를 들어 보자. 첫 번째 사례는 로즈메리 헤이스Rosemary Hayes와 캐리 허버트Carrie Herbert가 2011년에 출간한 『괴롭힘을 딛고 서다Rising above bullying』에서 발췌했다.[1] 이 책에는 심각하게 괴롭힘을 당한 아동을 대상으로 한 여러 사례 연구가 실려 있다. 집필 당시 17세였던 잭(가명)의 경우가 그중 하나이다. 잭은 어떻게 괴롭힘을 당했는지 다음과 같이 말한다.

중학교 때부터다. 조롱과 욕설이 시작된 건 ……처음에는 남자애들 두세 명뿐이었는데, 곧 반 전체의 게임이 되어 버렸다 …… 온 학교에 퍼져 나가기 시작했다 ……선배들 몇 명이 나에게 욕하기 시작했고 심지어 더 어린 애들까지 그랬다. 어디를 가도 비웃음이 쫓아다녔다……
"다 널 싫어해. 화장실 변기통에 머리나 박고 있지 그래?"
……고등학교에 가서는 정말 심해졌다. 집에 오면 개들
이 다음 날 무슨 짓을 할지 악몽을 꾸기 시작했다 ……나
를 기다리고 있겠지……긴장을 풀 수가 없었다……악몽
은 멈추질 않았다.

잭은 결국 학교를 그만두고 얼마 뒤 괴롭힘 피해 학생을
위한 교육 및 치유 기관인 레드벌룬러너센터Red Balloon
Learner Centre에 들어갔다(6장 참조).

잭의 글이다. '나는 천천히 자신감과 삶의 즐거움을 조
금씩 회복했다…… 갑자기 생생하게 떠오를 때가 있
다…… 그래도 어쨌든 이제 희망이 있다.'

두 번째 사례는 2010년 다이애나 웹스터Diana Webster와
빅토리아 웹스터Victoria Webster가 출간한 『산 넘어 산: 뇌성
마비에서 응급 의학 전문의까지So many Everests: From Cerebral
Palsy to Casualty Consultant』에서 발췌했다.[2] 빅토리아 웹스터는
뇌성 마비를 앓고 있다. 어머니 다이애나와 빅토리아가 공
동 집필한 이 책에서 어머니는 빅토리아가 어떤 방식으로

학교 폭력을 당했는지 이야기한다. 예를 들면 이런 식이다. '빅토리아는 낙타가 발길질하는 것처럼 한쪽 발을 약간 차면서 걷는데 어린 남자애 하나가 따라오면서 빅토리아의 걸음걸이를 흉내 내기 시작했고 같이 있던 남자아이가 비웃으면서 키득거렸다.' 또 이런 경우도 있었다.

빅토리아의 반 아이들은 자기들끼리 '우리에 갇힌 빅토리아'라고 부르는 게임을 하고는 했다. 아이들이 빅토리아를 가운데 두고 책상으로 동그랗게 둘러싼다. 다 같이 책상을 점점 더 가까이 앞으로 밀어서 결국 빅토리아는 하는 수 없이 비웃으며 놀려 대는 아이들 밑으로 기어서 빠져나와야 했다.

그럼에도 불구하고, 빅토리아는 학업을 포기하지 않았고 결국 의사 자격을 취득했으며 응급 의학 전문의가 되었다. 하지만 빅토리아의 어머니는 이렇게 말한다.

나는 빅토리아가 입은 깊은 상처가 한편으로 아직 아물지 않은 것 같다. 의심의 여지없는 노련함과 능력에 쏟아지는 그 모든 찬사도 ……본인이 느끼는 회의나 자신에 대한 전적인 확신이 부족한 상태에서 지금까지도 벗어나지 못하고 있다 ……신체장애 때문이 아니라 ……장애에 대한 다른 사람들의 반응이 낳은 결과다.

이 두 가지 예만 보더라도 학교 폭력의 많은 측면이 드러난다. 첫째, 괴롭힘은 다양한 형태로 나타날 수 있다. 이에 대해 간단하게 살펴볼 것이다. 둘째, 일반적으로 일정 기간 이상 지속되기 때문에 그 영향이 누적된다. 셋째, 피해자는 상대적으로 무력하다고 느낀다. 수적 열세, 자신감 부족, 또는 빅토리아의 경우처럼 장애가 있거나 따돌림을 당할 만한 다른 이유 때문인 것으로 보인다. 넷째, 그 영향이 장기간 지속될 수 있다. 많은 경우 학교 폭력의 피해자는 상처를 극복할 수 있지만 항상 그런 것은 아니다. 자살의 주요 원인이 괴롭힘인 경우가 많다(4장에서 다룰 것이다). 그러나 성인이 되어서도 이전에 피해를 당한 경험은 생생한 기억으로 남을 수 있다. 예를 들어 말을 더듬는 성인에 대한 한 연구[3]에서는 많은 사람들이 학창 시절에 괴롭힘을 당한 기억을 떠올렸다. 36세의 한 여성은 이렇게 말했다.

학창 시절의 상처가 성인이 된 이후까지 지대한 영향을 미쳐요. 학교 폭력의 상처는 평생을 따라다니고 있어요. 때로는 직장 생활을 꾸준히 하기가 힘든데, 학생 때 괴롭힘에 시달렸던 탓이 아닐까 라는 생각을 자주 해요.

다행스럽게도 이제 우리는 한 세대 전에 비해 학교 내 괴롭힘에 대해 훨씬 더 많은 것을 알게 되었다. 뿐만 아니라 이러한 지식이 성과를 내기 시작함에 따라 가족, 또래 집단, 학교, 지역 사회별로 다양한 차원에서 피해자를 돕고, 괴롭힘을 방지하고, 효과적으로 개입할 수 있는 전략을 개발할 수 있게 되었다. 이어지는 장에서 이러한 사항에 대해 모두 살펴볼 것이다. 그러나 가장 먼저 생각해 보아야 할 것은 괴롭힘의 정의이다.

괴롭힘이란 무엇인가?

———

괴롭힘을 직접 보면 이를 인지할 수 있다는 생각이 들겠지만, 연구자들이 체계적인 연구를 수행하기 위해서는 괴롭힘에 대한, 가능한 명확한 정의가 필요하다(2장에서 자세히 설명하고 있듯이). 괴롭힘은 분명 일종의 공격적인 행동이고, 대개 해를 입힐 의도가 있었는지 여부가 공격을 정의하는 기준이 된다. 하지만 또 한 가지 명확한 사실은 모든 공격이 괴롭힘은 아니라는 사실이다. 예를 들어 나는 어린 시절 학교에서 학급 친구들과 때때로 주먹다짐을 했던 기억이 있다. 그러나 이런 일이 단지 한두 차례 발생한 것이고 양쪽의 힘이 비슷했다면 이것은 괴롭힘이 아닐 것이다. 반면 어느 한쪽이 확실히 힘이 더 세고 상대를 계속해서 반복적으로 공격하는 경우는 분명히 괴롭힘에 해당할 것이다.

이제 괴롭힘이 두 가지 측면에서 공격의 특정 형태로 구체화된다는 사실을 알 수 있다. 즉, 반복적으로 발생하고 힘의 불균형이 있을 경우 괴롭힘에 해당한다. 괴롭힘에 대한 이러한 개념을 처음으로 명확하게 제시한 사람은 오랜 기간 노르웨이에서 연구 활동을 해 온 스웨덴 출신의 심리학자 댄 올베우스Dan Olweus이다. 그는 1973년에 스웨덴어로 '학교에서의 집단 괴롭힘school mobbing'에 관한 책을 집필했다. (1978년 영어로 번역되어 『학교 폭력: 괴롭히는 아이 매 맞는 아이Aggression in Schools: Bullies and Whipping Boys』라는 제목으로 출간되었다.) 그러나 그가 1993년에 출간한『학교에서의 괴롭힘: 우리가 아는 것과 할 수 있는 것Bullying at School: What we know and what we can do』[4]에서는 '집단 괴롭힘mobbing(괴롭힘이라는 단어와 비슷한 노르웨이어)'에 함축된 의미와 '매 맞는 아이' 같은 시대에 뒤처진 용어를 명확히 설명하고 수정하였다. 이 책은 상당히 큰 파급 효과를 불러왔다. 다양한 언어로 번역되어 많은 후속 연구와 조치를 이끌어 내는 데 도움이 되었다. 그렇지만 이 책이 출간된 이후 40년 동안 더 광범위한 연구 프로그램이 개발되었으며 방대한 양의 새로운 지식을 일반 대중이 접할 수 있게 되었다.

올베우스의 연구에서 제시된 정의에 따르면 괴롭힘이란 자기 자신을 쉽게 방어할 수 없는 누군가를 상대로 반복적으로 가하는 공격적 행위이다. 괴롭힘은 아래의 네 가지 핵심 기준에 따라 정의할 수 있다.

- 누군가에게 해를 가하거나 해를 가할 가능성이 있는 행위
- 해를 가할 의도로 하는 행위

  (위의 두 기준은 일반적으로 공격을 정의하는 기준이다.)

- 지속적으로 반복되는 행위
- 힘의 불균형이 존재함으로 인해 피해자가 자기 자신을 쉽게 방어할 수 없음

(위의 두 기준은 구체적으로 괴롭힘에 해당하는 기준이다.)

1994년 소니아 샤프Sonia Sharp와 내가 제시한 괴롭힘에 대한 또 다른 정의는 '조직적 힘의 남용'이다. 이 정의에는 간결하면서도 핵심적인 기준이 모두 담겨 있다.

괴롭힘의 정확한 정의에 대해서는 여전히 의견이 분분하다. 표 1.1은 현재 제시된 괴롭힘에 대한 다양한 정의의 예를 보여 준다. 미국 소아과 학회의 정의와 포크 외 동료 연구 팀의 정의에는 반복성이 포함되지 않는다. 미국 질병 관리 예방 센터의 정의에는 수많은 논의 끝에 반복성은 포함되었지만 형제자매나 데이트 상대에 의한 괴롭힘은 포함되지 않는다. 영국 교육부의 정의에서는 힘의 불균형 측면을 처음에는 배제했으나 괴롭힘 방지 연구자들의 항의 이후에 부록으로 '많은 전문가들은……고 말한다'는 문구를 추가했다. 유럽 괴롭힘 반대 네트워크에 제출된 단크마이어의 정의는 '사회 및 문화적 이유'를 언급했다. 이 정의

표 1.1 현재 제시되는 괴롭힘에 대한 여러 정의

출처	정의
미국 소아과 학회 American Academy of Pediatrics stgove@aap.org	괴롭힘이란 학령기 아동 사이에서 발생하는 원치 않는 공격적 행동으로, 실제 혹은 인지상의 힘의 불균형과 관련이 있다.
포크Volk, 데인Dane, 마리니Marini(2014)	괴롭힘이란 상대적으로 힘이 약한 대상에게 해를 가할 목적으로 행하는 공격적 행동이다.
미국 질병 관리 예방 센터US Centers for Disease Control and Prevention	괴롭힘이란 형제자매나 데이트 상대가 아닌 집단 또는 개인 청소년이 가하는 원치 않는 공격적 행동으로, 힘의 불균형이 관찰 또는 인지되며 수차례 반복되거나 반복될 가능성이 상당히 높다.
영국 교육부, 런던(2017)	괴롭힘이란 개인 또는 집단에 의한 행동으로, 지속적으로 반복되며 의도적으로 다른 개인 또는 집단에 신체적 또는 감정적 해를 가한다. ……많은 전문가들은 괴롭힘이 가해자와 피해자 사이의 힘의 불균형과 관련이 있다고 말한다.
단크마이어/유럽 괴롭힘 반대 네트워크European Anti-Bullying Network(2017)	괴롭힘을 당하는 이유는, 자신의 사회적 지위를 높이거나 타인의 사회적 지위를 낮추기 위한 암묵적 혹은 명시적 의도의 지배적 행위에 지속적으로 노출되고, 개인적, 사회적, 또는 문화적 이유로 자신을 방어하기 어렵기 때문이다.

에서 그는 특정한 사회적 혹은 문화적 맥락에서 정상적이고 용납될 수 있다고 여겨지는 사회적 규범에 대한 개념을 소개하고자 했다. 예를 들어 동성애적 행동에 대한 규범이 현재 서양 사회에서는 빠르게 변화하고 있지만 과거에는 부정적이었다. 일례로 아직까지도 널리 퍼져 있는 동성애자를 혐오하는 괴롭힘이 단크마이어의 정의에는 명확히 포함될 것이다.

또 다른 논점은 괴롭힘의 개념이 미성년에만 국한되어야 하는지(미국 소아과 학회, 미국 질병 관리 예방 센터), 그렇지 않은지(표 1.1에 있는 다른 정의들)에 대한 것이다. 이 문제는, 예를 들어 교사에 의한 학생 괴롭힘 또는 학생에 의한 교사 괴롭힘, 또는 직장 내 괴롭힘에 대해 논할 때 중요하다. 사이버 괴롭힘을 감안하면 괴롭힘의 정의에 대한 논의에서 추가적으로 생각해 보아야 할 또 다른 측면이 있다. 하지만 그 점에 대해 논하기 위해 괴롭힘이 어떤 형태로 나타날 수 있는지를 먼저 살펴보도록 하겠다.

괴롭힘의 다양한 형태

———

물리적 괴롭힘(큰 아동이 작은 아동을 치거나, 주먹으로 때리거나 발로 차는 행위이다)은 가장 명확한 유형의 괴롭힘이다. 우리는 물리적 괴롭힘에 대해 오래전부터 익히 알고 있었다. 토마스 휴스Thomas Hughes의 『톰 브라운의 학교 생활Tom Brown's School Days』(1857)에는 플래시 맨과 그의 패거리가 럭비 학교에서 벌이는 물리적 괴롭힘에 대한 묘사가 등장하는데, 남학생들을 담요에 싸서 난폭하게 던지는 등의 행위가 자주 나온다. '이렇게 던지는 상황에서 그 녀석이 정말 좋아하는 건 남학생들이 바둥거리거나 담요 한쪽에 매달려 있다가 바닥에 꼬꾸라질 때이다. 아무도 안 다치거나 겁을 먹지 않으면 그 녀석은 재미없어 한다.'(p.134) 그러나 괴롭힘은 모욕, 협박, 비하 등 명백한 언어적 형태를 띨 수도 있다. 시작 부분에서 살펴보았던 두 사례에서는 언어적 괴롭힘과 물리적 괴롭힘이 모두 뚜렷이 나타난다. 물리적 괴롭힘에는 소지품에 손상을 입히거나 빅토리아가 당했던 것과 같이 책상을 밀어붙이는 등의 가혹 행위가 포함될 것이다. 언어적 괴롭힘에는 위협을 가해서 금품이나 소지품을 요구하는 등의 강요가 포함될 것이다.

20세기에는 상당 기간 동안 주로 물리적 혹은 언어적 폭력을 기준으로 공격에 대해 설명했다. 하지만 1980년대와 1990년대에 유럽과 북미의 여러 심리학자들은 자신들이 간접적 혹은 관계적 공격이라고 명명한, 다른 종류의 공격과 관련해 사람들의 이목을 집중시켰다. 간접적 공격은 이를테면 누군가에 대한 나쁜 소문을 퍼뜨리거나 누구와 놀지 말라고 부추기는 등 직접적인 대면 없이 제삼자에 의해 행해진다. 관계적 공격이란 누군가의 평판에 해를 입히는 행위를 의미하며 마찬가지로 나쁜 소문을 퍼뜨리는 것이 전형적인 예다. 괴롭힘 역시 이러한 형태를 띨 수 있으며, 따라서 조직적인 사회적 배제, 누군가에 대한 나쁜 소문을 반복적으로 퍼뜨리는 행위는 괴롭힘의 추가적 형태로 여겨진다. 이 네 가지 주요 유형, 즉 물리적 괴롭힘, 언어폭력, 사회적 배제, 추문 유포가 20세기 전반에 걸쳐 괴롭힘에 대한 우리의 지식을 규정한다. 하지만 21세기에는 이른바 가상 공간에서의 괴롭힘(사이버 괴롭힘)이 증가했다. 사이버 괴롭힘은 휴대 전화와 인터넷을 통해 행해지는 괴롭힘을 지칭한다. 사이버 괴롭힘이 지니고 있는 몇 가지 특별한 성격에 대해서는 뒷부분에서 좀 더 자세히 살펴볼 것이다.

전 세계적 문제가 된 괴롭힘

학교 내 괴롭힘에 대한 진지한 연구와 고찰은 1970년대와 1980년대에 북유럽을 중심으로, 특히 노르웨이와 스웨덴에서 시작되어 곧이어 핀란드로 이어졌다. 1990년대에는 영국을 비롯하여 다른 많은 유럽 국가에서 괴롭힘에 대한 관심과 우려가 급격히 증가했다. 이러한 관심은 안타깝게도 괴롭힘과 관련된 자살 사건들에 의해 촉발되었다. 노르웨이의 경우도 그랬는데, 1982년 2~3주 사이에 각각 다른 학교에 재학 중이던 10~14세 남학생 세 명이 괴롭힘에 시달리다 스스로 목숨을 끊었다. 이 사건에 대한 언론의 관심, 대중의 우려, 문제의 심각성을 보여 주는 올베우스의 이전 연구에 힘입어 노르웨이에 존재하는 총 3,550개 학교 모두 전국적인 괴롭힘 반대 캠페인을 벌이게 되었다.

돌이켜 보면 이 시기는 학교 내 괴롭힘에 대한 연구에 있어 결정적인 순간으로 볼 수 있다. 여러 사건, 언론 보도, 연구 결과의 결합이 어떻게 중요한 사회적, 정치적 행동으로 이어질 수 있는지를 보여 준다. 이는 의심의 여지없이 1990년대 유럽의 많은 지역에서 괴롭힘에 대한 후속 연구가 이루어지는 계기가 되었다. 비극적이게도 사회적 캠페인의 단초가 되는 사건은 보통 자살이다. 한 아이가 스스로 목숨을 끊을 때 대개는 무자비하게 괴롭힘을 당하는 동안 지속적으로 느꼈던 분노와 고통을 보여 주는 유서를 남긴다. 이렇듯 돌이킬 수 없는 심각한 사건은 모든 부모에게 두려움을 불러일으킬 수 있고 정치계도 이를 간과할 수 없게 된다. 그러나 한편으로 이러한 사건들은 조사 자료가 되기도 한다. 1990년 나와 동료 연구자들은 잉글랜드에서 괴롭힘이 어느 정도로 심각한지에 대해 초기 조사를 진행했고, 그 결과 심각성 수준이 노르웨이의 두 배에 달했다. 이러한 연구 결과에 주목한 언론은 '영국은 유럽 최악의 괴롭힘 국가인가?'라는 질문을 던졌고 이는 곧 '영국은 유럽 최악의 괴롭힘 국가이다'라는 기사가 되었다. 이러한 보도는 영국에서 최초로 대규모 괴롭힘 방지 프로젝트를 위한 정부 예산을 확보하는 데 도움이 되었다. 이러한 프로젝트와 그 이후에 이어졌던 여러 후속 프로젝트에 대해서는 6장에서 설명한다.

유럽 여러 국가와 영국에서 수행된 연구는 캐나다, 오스트레일리아, 뉴질랜드의 연구자들에게도 영향을 미쳤다. 이들 지역에서도 1990년대에 관련 연구를 시작했으며 활발한 연구와 대응 조치를 꾸준히 시행하고 있다. 유럽에서 진행된 연구와는 별개로 일본에서는 괴롭힘(일본에서는 '이지메'라고 한다)에 대해 오랫동안 연구해 왔다. 일본의 연구는 적어도 1980년대부터 시작되었다. 그리고 1990년대에 비로소, 유네스코 국제 기금이 부분적 계기가 되어 유럽, 오스트레일리아, 일본의 연구자들이 함께 각국의 경험을 공유하기 시작했다. 그리고 곧 많은 공통점이 존재한다는 사실을 깨닫고, 차이점은 무엇인지에 대해서도 논의하게 되었다. (이에 대해서는 바로 뒤에서 다룰 것이다.)

미국에서는 1980년대와 1990년대에 또래 공격성에 대한 많은 연구가 있었지만, 1999년 두 명의 학생이 열두 명의 다른 학생과 교사 한 명을 살해한 콜럼바인 고교 총기 난사 사건을 계기로 괴롭힘에 대한 우려가 더 높아졌다. 총격을 가한 두 학생은 이전에 괴롭힘을 당했다는 이야기가 있다. 2000년에 발표된 한 보고서에 따르면 사전에 계획된 교내 총격 사건은 많은 경우 괴롭힘과 연관이 있다고 한다. 미국은 다른 여러 국가에 비해 후발 주자이지만 현재 미국에서 괴롭힘은 중요한 연구 주제 중 하나이며 단일 국가로는 연구 결과를 가장 많이 내놓고 있다.

21세기 전반에 걸쳐 학교 내 괴롭힘은 전 세계적으로 쟁점 사안이 되고 있다. 대한민국, 홍콩, 중국, 싱가포르, 그 외에 동남아시아 일부 국가에서 많은 연구를 진행하고 있고, 남아프리카와 그 외에 일부 아프리카 국가, 아랍 국가, 남아메리카, 러시아, 인도반도에서 관심이 커지고 있다.

괴롭힘은 기본적인 인권 문제로 인식되고 있다. 아이들은 공포와 위협이 없는 학교에서 교육받을 권리가 있다. 아이들이 학교에서 괴롭힘을 참고 견디게 해서는 안 된다. 이러한 내용은 세계 여러 나라의 참여로 작성된 2016년 유엔 보고서 『괴롭힘 근절: 운동장에서 사이버 공간까지, 괴롭힘에 맞서다Ending the torment: tackling bullying from the schoolyard to cyberspace』에도 명시되었다.

그러나 괴롭힘이 세계적으로 공통된 문제인 것처럼 보

이기는 하지만 각국의 괴롭힘 현상이 실제로 동일하게 나타날까?

세계 각국의 괴롭힘

괴롭히는 사람bully 또는 괴롭힘bullying이라는 단어의 어원은 북유럽에서 찾을 수 있다. 엔카르타 세계 영어 사전 Encarta World English Dictionary(1999)에서는 '괴롭히는 사람'을 자신보다 약한 사람들을 위협하거나 학대하는 공격적인 사람이라고 정의한다. 이 단어의 어원은 16세기 중반 중세 네덜란드어인 '애인boele'에서 비롯된 것으로 보인다. 수 세기를 거치면서 그 의미는 '좋은 친구'로, 다시 '거드름 피우는 사람' 즉, 자신의 힘을 과시하는 사람으로 바뀌었다. 하지만 괴롭힘bullying이라는 단어에 담겨 있는 상대적으로 긍정적인 의미는 '잘했다bully for you!'와 같은 관용구에서 여전히 발견된다.

현재 네덜란드에서 '괴롭힘'에 해당하는 단어는 '페스텐pesten'이다. 비슷한 의미의 영어 단어(페스트pest)를 연상시킨다! 북유럽 국가에서 쓰는 단어 중에서는 '모빙mobbing' 또는 '모브닝mobbning'이라는 단어가 영어와 매우 유사하다. 이 단어들은, 특히 '모빙mobbing'이라는 단어에서 집단이라는 맥락이 암시되지 않는 경우, 영어의 괴롭힘bullying과 의미가 비슷하다. (일부 괴롭힘bullying의 경우 일대일로 이루어지기 때문이다.)

하지만 모든 나라에 비슷한 단어가 존재하는 것은 아니다. 실제로 남유럽 라틴어 계열의 언어에는 괴롭힘에 상응하는 비슷한 단어가 없다. 공격과 폭력에 해당하는 단어는 있지만 특별히 괴롭힘에 해당하는 단어는 따로 없다. 하지만 괴롭힘의 개념은 인식하고 있다. 예를 들어 이탈리아에서는 '일 불리즈모il bullismo'라는 용어를 널리 사용하고 스페인에서는 '불링bullying'이라는 영어 단어를 차용해서 사용한다. 이러한 상황은 동유럽에서도 다소 비슷하게 나타난다. 러시아에는 유사한 대응어가 없다. '이즈데바뗄스뜨바izdevatel'stvo'가 괴롭힘과 대략적인 의미가 상당히 유사하기는 하지만 사회적 배제의 의미보다는 물리적, 언어적 유형의 괴롭힘을 강조한다.

괴롭힘에 해당하는 단어로 어떤 단어를 선택하는지가

중요한 이유는 괴롭힘을 어떻게 평가하고 국가별로 어떻게 비교 분석할지에 영향을 미칠 수 있기 때문이다. 예를 들어 내가 카타르에 방문했을 때 카타르와 그 밖의 일부 아랍 국가에서는 '타나모르tanamor(영어 음역)'라는 단어가 널리 사용되는 것을 알게 되었다. 하지만 문자 그대로 호랑이 또는 호랑이 같다는 의미가 있는 이 단어는 괴롭힘에 대해 다소 긍정적인 이미지를 부여한다. 그렇기 때문에 괴롭힘에 해당하는 아랍어로 어떤 단어를 쓰는 것이 가장 적절할지 논의되고 있다. 에스테콰esteqwa(영어 음역, 아랍어 'استقواء')가 대안이 될 수 있을 것이다. 아랍 국가들은 괴롭힘에 해당하는 특정 용어를 사용하기보다는 각 지역의 방언에 따라 다양한 용어를 쓰기도 하는데, 그 예로 이집트에서는 깡패나 폭력배를 의미하는 발타자baltaja(아랍어 'بلطجة')가 있다. 때로는 행동을 묘사하는 욕하기, 따돌림, 밀치기 등의 단어를 쓰기도 한다.

일본에서는 '이지메'라는 단어가 괴롭힘을 묘사하기 위해 어떻게 사용되고 있는지를 살펴보았다. 일본에서 괴롭힘에 대한 연구를 선도하고 있는 모리타 요지의 정의에 따르면 '이지메는 집단 상호 작용의 과정에서 지배적인 위치를 점하고 있는 누군가에 의한 일종의 공격적 행동으로, 집단 내 다른 상대방에게 정신적 또는 신체적 고통을 야기하려는 의도적 행동 또는 집단적 행동'이다. 이지메에 대한 이와 같은 정의는 괴롭힘의 정의와 분명히 유사하지만 집단의 상호 작용을 더 강조한다. 사실 사회적 따돌림이라는 말이 이지메의 정의에는 상당히 잘 들어맞을 것이며 따돌림은 일본과 대한민국에서 더 두드러진 현상으로 보인다. 대한민국에서는 '왕따'라는 용어가 아이들 사이에서 널리 쓰이는데 '왕'은 '왕king' 혹은 '크다big'라는 의미이고 '따'는 '따돌림' 또는 '따돌리다'의 줄임말 형태이다. 따라서 왕따는 심한 따돌림을 의미한다.

일본과 대한민국은 좀 더 전체주의적 사회인 반면 유럽과 북아메리카 사회는 더 개인주의적이다. 전체주의 사회에서는 개인이 속한 집단이 핵심적 중요성을 지닌다. 반면 개인주의 사회에서는 직계 가족 외에는 친밀한 유대 관계가 적다. 그러므로 집단주의 사회에서 누군가에게 해를 가하고 싶다면 사회적 따돌림이 특히 효과적일 것이다. 실제로 이들 국가에서는 괴롭힘의 개념 속에 사회적 따돌림이 더 많이 내포되어 있는 것으로 보인다.

괴롭힘에 해당하는 여러 단어의 다양한 의미

우리는 단어의 의미를 사전에서 찾을 수 있다. 물론 사전에서 얻는 정보가 유용할 수 있다. 하지만 사전은 아이보다는 어른들이 사용하는 의미를 반영하며 시대 변화에 뒤처질 수 있다. 예를 들어 한국어 사전에는 '집단 따돌림', '집단 괴롭힘', 또는 '학교 폭력' 등의 단어가 실려 있다. 하지만 구효진과 이후 이승하의 논문에서 알 수 있듯이 실제로 요즘 대한민국에서 아이들은 속어의 성격이 더 강한 '왕따'라는 말을 사용하고 있으며 이마저도 좀 더 최근에는 '찐따'라는 말을 사용하는 추세로 바뀌고 있다.[5] 이러한 용어는 성인의 언어생활에서는 사용되지 않지만 아이들의 경험에 대해 알아보고자 한다면 이 용어들을 사용하는 것이 가장 효과적일 것이다.

'불링', '페스텐', '이지메', '왕따' 등의 용어가 어떤 의미인지 아이들에게 직접 질문할 수도 있다. 하지만 보다 엄밀하고 정확한 평가를 위해서 나와 동료들은 선과 원으로 나타낸 만화 설문지를 만들었다. 단순한 그림을 이용한 만화이기 때문에 성별과 국적에 상관없이 사용할 수 있다. 여러 상황을 나타내는 다양한 만화를 보여 주었는데 (다는 아니지만) 다수가 (물리적, 언어적, 관계적, 사이버) 괴롭힘을 떠올리게 하는 것이다. 해를 가하려는 의도, 반복성, 힘의 불균형 같이 앞에서 다루었던 여러 기준에 따라 매우 다양한 상황을 보여 준다.

예를 들면 '짝과 하는 활동을 할 때 아무도 줄리아와 짝이 되고 싶어 하지 않는다'라는 설명이 붙은 그림 1.1의 만화는 심각한 사회적 따돌림을 보여 준다. 아이들이 다음 수

그림 1.1 짝과 하는 활동을 할 때 아무도 줄리아와 짝이 되고 싶어 하지 않는다

업을 준비하기 위해 보통 짝과 함께 교실을 정리하는 동양
권 국가에서 흔히 볼 수 있는 상황이지만 어느 곳에서든
이해가 가능한 상황이다. 학생들에게 '이 그림은 괴롭힘(혹
은 이지메, 페스텐)입니까?'라고 질문한다. (물론 줄리아라는 이
름은 각국에 맞게 친근한 이름으로 바꾸어 질문한다.) 영국에서는
65%의 학생들이 '괴롭힘'이라고 답을 한 반면 일본에서는
그렇다(이지메)라고 응답한 학생이 76%, 대한민국에서는
그렇다(왕따)라고 응답한 학생이 85%로 증가했다.

　또 다른 예를 보여 주는 그림 1.2에는 '밀리가 가장 우수
한 선수지만 하급생이기 때문에 나머지 팀원들이 밀리를
시합에 참가하지 못하게 할 것이다'라는 설명이 붙어 있다.
이 질문에서는 81%의 영국 학생들이 '괴롭힘'이라고 답했
다. 반면 대한민국에서는 '왕따'라고 대답한 학생이 49%로
감소했고, 일본에서는 '이지메'라고 대답한 학생이 29%에
불과했다. 아마도 동양 사회에서는 연령에 따른 상하 질서
가 더 엄격하기 때문에 이러한 결과를 보인 것이라고 설명
할 수 있을 것이다. 네덜란드 출신의 사회 과학자 길트 홉
스테데Geert Hofstede가 제안한 문화적 차원의 기준에서 보면
이들 국가는 권력 거리 지수(권력이 약한 구성원이 권력이 불공

그림 1.2 밀리가 가장 우수한 선수지만 하급생이기 때문에 나머지 팀원들이 밀리를 시합에 참가하지 못하게 할 것이다

평하게 분배된다는 사실을 예상 및 수용하는 정도라고 정의되며, 보통 연장자를 더 존중한다)가 높다. 그러므로 일본과 대한민국에서는 경기력이 매우 우수하다고 하더라도 좀 더 어린 아동을 배제하는 것이 정당화된다.

위의 예들은 괴롭힘이 각 사회마다 어떤 의미를 갖는지와 같은 상당히 심도 있는 질문을 던진다. 누군가에게 해가 된다 하더라도 무엇을 용납될 수 있는 행동으로 여기는지는 각 사회마다 분명히 다르다. 물론 몇몇 종류의 공격(전

쟁에서처럼)은 합법적이고 대부분의 사람들이 정당하고 생각한다. 그렇기 때문에 괴롭힘을 정의하는 것이 복잡해진다. 실제로 오스트레일리아 출신의 심리학자 켄 릭비Ken Rigby는 괴롭힘을 더 폭넓게 정의해야 한다고 주장했다. 즉, '괴롭힘은 해를 가하려는 욕구＋해로운 행위＋힘의 불균형＋(전형적으로) 반복성＋힘의 부당한 사용＋가해자가 느끼는 명백한 즐거움과 일반적으로 피해자 입장에서 느끼는 억압을 포함한다.'

사이버 괴롭힘

―――

릭비의 정의는 2002년 그의 저서『괴롭힘에 대한 새로운 시각New perspectives on bullying』에서 제시되었다. 당시에는 새로운 내용이었지만 인터넷과 휴대 전화의 개발 및 사용이 일반화되기 이전에 나온 책이었다. 출간 후 몇 년 뒤에 인터넷과 휴대 전화가 등장했다. 2008년경 인터넷 접속이 가능한 스마트폰이 널리 보급되기 시작했고 젊은 층에서 스마트폰 사용이 급증했다. 물론 이러한 기술 발전이 큰 기회와 혜택을 가져왔지만 어두운 측면도 있다. 사이버 괴롭힘이 눈에 띄는 예이다.

사이버 괴롭힘은 매우 다양한 형태로 나타날 수 있다. 몇 가지 일반적인 예로 문자 메시지, 이메일 또는 소셜 네트워크 사이트의 게시문을 통한 공격과 협박, 명예 훼손(글로 적음), 모욕(온라인상의 말다툼), 사이버 스토킹(지속적인 온라인상의 협박), 따돌림(온라인 집단에서), 사칭(어떤 사람에게 해를 가하기 위해 다른 사람을 사칭하여 자료를 전송 또는 게시함), 폭로(어떤 사람에 대한 난처한 정보 또는 이미지를 공유함), 온라인 게임에서 트롤을 당함(고의적으로 보낸 불쾌한 메시지를 받음), 허위 프로필 게시, 개인의 의사에 반하는 개인 자료 유포 등이 있다.

영국의 괴롭힘 반대 자선 단체인 디치더레이블Ditch the Label의 보고서에 전형적인 예가 나온다. 한 13세 소녀는 다음과 같이 말했다.

저는 많은 SNS에서 끔찍한 메시지를 너무 많이 받았어요. 자살하라는 사람도 있었고 살해 협박도 받았어요. 전화와 문자 메시지로도 공격을 당했고요. 게다가 사람들은 우리 집 밖에서 모욕적이고 끔찍한 말을 퍼부었죠. 다른 사람들이나 나에게 불쾌한 메시지를 보내려고 내 이름을 사용해서 가짜 계정을 만들기도 했어요.[6]

'사이버 괴롭힘'은 단어에서 알 수 있듯이 괴롭힘의 또다른 형태, 즉 타인에게 해를 가함으로써 즐거움을 느끼는 누군가가 이를 실행할 수 있는 또 다른 방법이다(3장 참조). 위에 인용된 13세 소녀의 이야기가 이 점을 잘 보여 준다. 온라인상의 괴롭힘 또는 사이버 괴롭힘에 연루된 아동이나 청소년은 보통 (항상 그런 것은 아니지만) 오프라인 괴롭힘 즉, 이제는 일반적이라고 불리는 괴롭힘(직접적으로 가하는 물리적 폭력과 언어폭력)에 연루되는 인물들과 동일 인물이다. 또한 이 두 유형의 괴롭힘은 보통 서로 연결되어 있다. 학교 운동장에서의 폭력은 온라인상에서의 앙갚음으로 이어질 수 있고, 온라인 공격은 다음 날 직접 대면한 대립으로 이어질 수 있다. 하지만 모든 연구자들이 이 같은 결론에 동의하는 것은 아니다. 일부 연구자들은 일반적인 (전통적 의미의) 괴롭힘과 사이버 괴롭힘의 차이가 상당히 크고 인터넷이 청소년의 삶에 점점 더 큰 영향을 미치고 있으며 아이들이 그 어느 때보다 어린 나이에 이런 상황에 노출됨으로써 그 차이는 더 커지고 있다고 생각한다.

사이버 괴롭힘의 독특한 특징들 중 일부는 오래전부터 사람들에게 알려져 있었고, 이를 주제로 한 글도 집필되었다. 그중 한 가지 특징은 다른 누군가를 괴롭히는 동기에 대해 생각할 때 특히 중요하다. 사이버 괴롭힘은 직접 대면보다 주로 간접적으로 이루어진다. 자신의 신분을 숨길 경우 가해자는 '익명'으로 또는 '눈에 띄지 않게' 사이버 괴롭힘을 저지를 가능성이 있다. 이는 가해자에게 뒤따르는 위험성(예를 들어 보복 등)을 줄일 수 있다. 실제로 사이버 괴롭힘에 관한 이론 중에 학교 운동장에서 괴롭힘을 당하던 약한 아이가 복수할 기회를 얻는다는 '샌님의 복수'라 불리는 이론이 있다. (하지만 실제로 이러한 견해를 뒷받침하는 증거는 다소 제한적이다.) 다른 한편으로 사이버 괴롭힘에서는 대개 가해자가 피해자의 반응을 볼 수 없다. 적어도 단기적으로는 그렇다. 이 때문에 다른 사람들에게 자신의 힘을 과시한다든가, 또는 피해자의 고통을 즐기는 등 가해자가 기대할 수 있는 보상이 줄어들 수 있다(3장 참조).

사이버 괴롭힘의 또 다른 두 가지 독특한 특징은 (일반적

괴롭힘의 피해자에 비해) 사이버 괴롭힘의 피해자가 받는 잠
재적 영향을 생각해 볼 때 더욱 중요하다. 한 가지는 가상
공간에서 일어나는 폭력은 잠재적 관객의 범위가 더 넓어
진다는 점이다. 학교 운동장에서는 자신의 굴욕적인 모습
을 극히 소수의 구경꾼들만 보겠지만 사이버 공간에서는
수백, 수천 명이 볼 수 있다. 잠재적으로 거의 무한정의 사
람들이 볼 수 있다. 두 번째 특징은 사이버 괴롭힘은 잠시
도 멈추지 않기 때문에 벗어나기가 힘들다는 것이다. 학교
에서 벌어지는 일반적인 괴롭힘의 경우 저녁, 주말, 휴일마
다 숨돌릴 틈이 생기지만 사이버 공격은 언제든 휴대 전화
를 통해서, 심지어 밤에도 가해질 수 있다. 이론상으로는
휴대 전화나 인터넷을 사용하지 않으면 이러한 공격을 피
할 수 있겠지만 요즘 대부분의 젊은 층에게는 너무 극단적
이고 받아들일 수도 없는 선택이다. 4장에서 일반적 괴롭
힘과 사이버 괴롭힘의 상대적 영향을 살펴볼 것이다.

　나와 동료들이 사용한 사이버 괴롭힘에 대한 정의는 '집
단 또는 개인이 휴대 전화 또는 인터넷을 사용하여 자기
자신을 쉽게 방어할 수 없는 피해자를 대상으로 반복적이
고 지속적으로 가하는 공격적이고 의도적인 행위'이다. 이

는 일반적인 괴롭힘의 정의를 따른 것인데, 이러한 정의를 그저 계속 유지하는 것이 바람직한가에 대한 논의가 있다. 반복성의 기준을 보면, 실제 가해 행위는 단 한 차례만 일어났더라도 그를 다른 사람들이 여러 차례 돌려 보거나 전달할 수 있으며, 보통 가해자가 이러한 사실을 예견할 수 있다는 점이 자주 지적된다. 따라서 단 한 차례의 가해 행위도 사이버 괴롭힘으로 간주하는 것이 타당할 것이다. 힘의 불균형이라는 기준을 보면, 일반적인 괴롭힘에서 힘의 불균형을 보여 주는 보편적 신호들(물리적 힘, 사회적 지위, 가해자의 숫자)은 사이버 괴롭힘에서는, 특히 가해자가 자신의 신분을 숨길 경우 명확하게 적용할 수 없다. 그러나 익명성 자체가 힘의 불균형을 나타낼 수도 있다. 가해자는 피해자를 아는데 피해자는 가해자를 모르는 경우가 그렇다. 그리고 익명성이 없고 피해자가 가해자가 누구인지를 확실히 아는 경우 일반적 괴롭힘의 기준을 적용할 수 있다. 이러한 문제에 대해서는 아직까지도 논의가 진행 중이고, 일부 연구자들은 일반적인 관점에서 사이버 폭력의 개념을 사용하는 것을 선호한다. 하지만 '사이버 괴롭힘'이라는 용어는 많은 연구에서 사용되었다.

02
괴롭힘에 대한 통계의 함정

1장에서 우리는 학교 괴롭힘에 대한 연구의 역사를 간략하게 살펴보았다. 실제로 21세기 들어 학교 내 괴롭힘을 주제로 한 연구 논문이 막대하게 증가했다. 1970년대 중반까지는 사실상 이 주제에 대한 관심이 없었기 때문에 이에 대한 논문의 수도 극히 적었다. 미국 과학 정보 연구소 Institute for Science Informations, ISI의 색인 서비스Web of Knowledge에 따르면 1975년까지 제목과 초록에 '괴롭힘'이라는 용어가 포함된 논문 수는 여덟 편에 불과했다. 그리고 1976년부터 1985년까지는 60편, 1986년부터 1995년까지는

201편, 1996년부터 2005년까지는 1,546편, 2006년부터 2015년까지는 8,251편이었다. 이 숫자에는 학교 내 괴롭힘 외에 다른 종류의 괴롭힘도 포함되어 있지만, 대다수가 학교 내 괴롭힘이나 아동과 청소년을 상대로 한 괴롭힘에 관한 논문이다. 지난 20년간 논문 발행 건수가 놀라울 만큼 뚜렷한 증가를 보였다. 최근 몇 년 동안에는 매일 세 편 정도의 새로운 논문이 나오고 있기 때문에 연구자들이 현재의 연구 흐름을 따라가기가 벅찰 정도이다!

내가 페티 버쿤Fethi Berkkun과 함께 이러한 논문의 주제에 대해 분석해 본 결과 대다수가 일종의 경험적 데이터를 제시하고 있다. 다시 말해, 대다수 논문들에는 다음 부분에 나와 있는 설명과 같이 질적 연구법 또는 양적 연구법을 통해 취합된 새로운 정보가 제시된다. 나머지 논문들은 검토나 의견이고 때때로 메타 분석도 있다. 메타 분석은, 예를 들어 피해자가 받는 영향 등 특정 주제를 다룬 많은 수의 논문에 대한 통계적 검토이다. 메타 분석은 특정 주제에 대해 많은 개별 연구가 발표된 이후에 제대로 이루어질 수 있다. 이러한 메타 분석의 몇 가지 예를 뒤에서 다룰 것이다.

그렇다면 많은 수를 차지하고 있는 경험적 논문에서는

어떤 종류의 데이터가 제시되는가? 대다수는 양적 데이터를 제시하고 소수의 논문에서는 질적 데이터를 제시한다. (가끔 두 가지 데이터를 모두 제시하기도 한다.) 이 두 종류의 데이터는 각각 장단점이 있다. 실제로 두 방법을 결합한 혼합형 접근법이 가장 효과적일 수 있다.

질적 연구법

———

질적 연구법을 사용하는 연구자들은 수치 분석 또는 통계를 사용하지 않는다. 이보다는 경험에 대한 서술적 설명을 활용한다. 흔히 사용되는 질적 연구 방법은 인터뷰와 포커스 그룹 인터뷰이다. 인터뷰는 1장 초반에서 살펴보았던 것과 같은 사례 연구 자료 등을 자세히 보여 준다. 일반적으로 질적 연구법을 사용하는 연구자들은 다수의 인터뷰를 수집할 것이다. 보통 '반 구조화semi-structured' 인터뷰라고 하는 이 면담 기법은 주요 질문 내용에 대한 일반적인 형식(예를 들어 '괴롭힘을 당한 적이 있습니까?')을 가지고 있으면서도 새로 관심이 가는 부분이 나오면 후속 질문이나 계획에 없던 질문을 할 수 있는 여지가 있다.

인터뷰 자료는 당사자가 괴롭힘을 어떻게 당했는지, 어떤 느낌이 들었는지, 어떤 조치를 취했고 무슨 일이 발생했는지에 대한 상세한 정보를 제공할 수 있다. 시간이 흐름에 따라 사태가 어떻게 전개되었는지(괴롭힘이 어떻게 시작되었는지, 어떤 변화가 있었는지)에 대해서도 알 수 있다. 물론 괴롭힘을 당한 피해자뿐 아니라 가해자, 혹은 목격자도 인터뷰할 수 있다. 여러 인터뷰를 취합한 후에 연구자는 보통 인터뷰 내용을 전사한 기록에서 중요한 주제와 메시지를 추출하기 위해 주제 분석을 진행할 것이다.

예를 들어 버밍엄 시티 대학교Birmingham City University 소속의 연구자 엘리자베스 나셈Elizabeth Nassem은 한 초등학교의 9~11세 학생들과 그들의 교사들을 대상으로 괴롭힘에 대한 개별 및 집단 반 구조화 인터뷰를 수행했다. 그 결과 인터뷰 내용에서 많은 주제를 찾아낼 수 있었다. 예를 들어 '아이들은 왜 괴롭히는가' 등의 주제가 있었다. 의미 있는 발췌 내용이 많았지만 그 가운데 한 예로 10세 야나Yana(등장하는 모든 이름은 가명이다)는 개별 인터뷰에서 다음과 같이 말했다.

야나: 주변 사람들이 걔들을 우러러볼 테니까요. 사람들은 결국…… 힘이 있으면 친구도 많이 생겨요. 애들을 괴롭힐 때 주위에 다른 사람들은 이렇게 생각해요. 어, 저봐, 쟤는 힘이 엄청 세네, 내가 쟤랑 친해지면 나는 안 괴롭힐 거야, 쟤가 힘이 세니까 나를 괴롭히는 사람이 있으면 쟤한테 다 일러 줄 수 있을 거야.

또 다른 주제는 '처벌'이었다. 다음은 역시 10세인 시드라Sidra의 인터뷰에서 발췌한 내용이다. 시드라의 사례는 지금 다룰 주제인 처벌과 앞서 다루었던 '아이들은 왜 괴롭히는가'의 내용에 모두 해당된다.

질문자: 그래서 괴롭힘 사건을 다룰 수 있는 방법이 여러 가지가 있죠. 이를테면 가해자를 처벌한다든가, 도와준다든가…….

시드라: 가해자를 처벌하는 건 아무 도움도 안 될 거예요. 가해자가 지금 처벌받더라도 다른 사람을 또 때리고 괴롭힐 테니까요. 전에 있었던 일이에요. 제가 봤어요.

질문자: 그러면 다른 사람들이 어떤 기분이 들지 가해자

가 이해할 수 있게 도와주는 건 어떨까요?

시드라: 가해자들은 다른 사람들 기분 같은 건 이해 못해요. 자기들 말고는 아무도 감정이 없다고 생각해요. 어떤 애들에게 안 좋은 일 같은 게 생기면 그런 애들을 골라서 괴롭히는 걸요.

위에 나온 짧은 사례들만 보더라도 아이들이 얼마나 상황을 잘 파악하고 있는지를 알 수 있다. 하지만 야나와 시드라는 아이들이 왜 괴롭히는지에 대해 다소 다른 생각을 갖고 있는 것이 분명하다. 그룹 인터뷰나 포커스 그룹 인터뷰는 질적 연구자에게 또 다른 선택지를 제공한다. 이 연구법에서 연구자는 괴롭힘 등의 주제에 대해 논하기 위해 대략 4인, 6인, 8인으로 이루어진 소규모 그룹을 만든다. 포커스 그룹은 기밀 유지가 덜 되는 편이기 때문에 피해자는 자신의 경험에 대해 털어놓기를 꺼릴 수 있다. 하지만 각 포커스 그룹의 구성원들에게 다양한 의견을 얻을 수 있다는 장점이 있을 것이다. 그룹 구성원들은 이의를 제기하거나 서로 다른 의견을 낼 수 있다. 혹은 서로를 자극함으로써 개별 인터뷰에서는 나오지 않을 다른 생각을 이끌어 낼 수도 있다.

예를 들어 나셈은 다섯 명의 초등학생을 대상으로 포커스 그룹 인터뷰를 수행했다. 논의의 주제는 인종 차별적인 괴롭힘으로 넘어갔다.

> **질문자**: 그렇다면 누가 자신의 피부색 때문에 괴롭힘을 당하나요?
>
> **알리아**Aailia: 많아요.
>
> **야나**: 흑인, 흑인, 그리고 흑인이 당해요.
>
> **질문자**: 흑인이 괴롭힘을 당하는군요?
>
> **알리아**: 흑인뿐만 아니라 피부색이 밝은 사람도, 피부색이 하얀 사람도 당해요.
>
> **타리크**Taaliq: 어떤 사람을 괴롭히는지에 따라 달라요. 피부색이 그렇게 안 밝은 사람은…… 피부색이 밝은 사람은 피부색이 갈색이거나 검은색인 사람들을 괴롭혀요. 피부색이 검은 사람은 피부색이 희거나 갈색인 사람을 괴롭혀요. 그런데 다 그런 건 아니고 몇 명만 그래요.

그룹 인터뷰에서의 논의를 통해 타리크는 굉장히 통찰

력 있는 지적을 했다. 개별 인터뷰였다면 불가능했을 것이다. 다음의 발췌는 아이들이 어떻게 서로의 견해에 대해 이의를 제기할 수 있는지를 보여 준다.

> **테이엽**Tayyub: 선생님들은 그런 일이 생기면 선생님을 부르라고 해 놓고 아무것도 안 해 주시는 게 정말 싫어요.
>
> **일리아**: 네, 그렇지만 선생님이 아무것도 하지 않는 건 아니에요.

이 인터뷰에서 아이들은 최근의 일에 대해 이야기하고 있지만 자신의 학창 시절을 되돌아보는 회고적 성격의 인터뷰도 있을 수 있다. 1장에서 성인이 말을 더듬는 것 때문에 학창 시절에 괴롭힘을 당했던 기억을 떠올리는 것은 회고적 성격의 인터뷰에서 나온 한 예이다.

질적 정보를 얻을 수 있는 다른 방법도 있다. 예를 들어 청소년에게는 자신의 경험을 그림으로 그리게 하거나 학교 내 다양한 장소에서 자신의 기분을 표현하기 위해 사진을 찍게 할 수도 있다('포토 스토리' 기법).[1] 청소년 자신에게서 정보를 얻을 수 있는 또 다른 방법은 '관리 서클'(6장에서 더 자세히 설명한다)이다. 이 모임은 학생들로 구성된 문제 해결 그룹이다. 한 학기 동안 일주일에 보통 한 번씩 수업을 듣고 '괴롭힘에 대해 어떤 조치를 취할까' 등의 주제를 조사하고 결론을 내리고 권고 사항을 만들고 해당 수업이나 학교에 다시 보고를 한다.

양적 연구법

——

하지만 대다수의 조사 연구는 양적 연구법을 사용한다. 기본적으로, 수치 데이터를 얻은 후 그 결과를 얼마나 일반화할 수 있는지 알아보기 위해 일반적으로 통계를 이용한다. 대표적인 두 방법은 설문 조사와 또래 지명 기법이다.

설문 조사 기법은 괴롭힘에 대한 정보를 얻기 위해 가장 보편적으로 사용하는 방법이다. 보통, '자기 보고' 설문지를 아동 또는 청소년에게 주어 자신의 경험을 말하게 한다. 많은 경우 설문지는 괴롭힘에 대한 정의로 시작한 후에 괴롭힘을 당한 경험이 있는지 여부를 질문할 것이다. 보통 아래의 예시와 같이 기간이 명시된다.

'지난 2~3개월 동안 얼마나 자주 괴롭힘을 당했나요?'

그 후 응답자는 예를 들어 '괴롭힘을 당한 적이 없다', '1~2번', '여러 번', 또는 '일주일에 약 한 번', '일주일에 여러 번'과 같은 선택지 목록을 받는다. 조사에서 많은 수의 청소년이 설문지를 작성하면 괴롭힘 피해자를 백분율로 나타낸 수치를 얻을 수 있다. (괴롭힘을 정의할 때 지속적인 반복성을 중요하게 여긴다면 '1~2번'이라고 응답한 경우는 제외될 것이다.)

일반적으로 이런 식의 설문지에서는 다음과 같은 다른 질문들이 이어질 것이다. 어떤 유형의 괴롭힘을 당한 경험이 있는지, 어디에서 괴롭힘을 당했는지, 자신 외에 얼마나 많은 아동 혹은 청소년이 개입되었는지, 피해자가 어떤 행동을 했는지, 다른 사람에게 말을 했는지, 어떤 조치를 취했는지 등이다. 다른 사람들이 괴롭힘 당하는 것을 목격한 적이 있는지 또는 다른 사람을 괴롭히는 데 자신이 동참한 적이 있는지 등의 질문도 할 수 있을 것이다.

이 질문들과 더불어 댄 올베우스가 1980년대에 개발한 초기 설문이 있다. '올베우스 가해자/피해자 설문'이라고

불리는 이 질문들은 널리 이용되고 있으며 21세기에 사이
버 괴롭힘을 추가하여 업데이트되었다.[2] 하지만 이용 가능
한 다른 설문도 많다. 연구자들은 보통 구체적인 목적을 염
두에 두고 스스로 설문을 만드는 경우가 많다. 초기에는 종
이 기반 설문지에 작성을 했지만 이제는 온라인 설문 작성
이 점점 늘어나는 추세이다.

더 큰 규모의 조사

조사는 대개 한 국가 내에서 수행된다. 많은 조사가 소규모
로 이루어지지만 일부 조사는 국가 차원에서 수행되기도
한다. 한 예로 잉글랜드에서 정부가 지원하는 텔어스Tellus
조사는 매년 괴롭힘에 관한 질문들을 포함하여 아동 복지
관련 사안에 대한 전국적인 수치를 제공하기 위해 고안되
었다. 텔어스 1과 텔어스 2 조사는 소규모의 사전 조사인
반면 2008년 봄에 작성된 텔어스 3 국가 보고서는 145개
지방 자치 단체의 6, 8, 10학년(대략 11, 13, 15세) 학생 약 14만
9,000명에 대한 정보를 제공했다. 그 결과 8~16세 아동
14%가 지난 4주간 적어도 한 번 이상 학교에서 괴롭힘을

당했고 8%는 학교 외에 다른 장소에서 괴롭힘을 당한 것
으로 나타났다.

2009년 말에 수행된 텔어스 4 조사는 잉글랜드 전체
3,699개 학교의 동일 연령대 학생 25만 3,755명 중 25만
3,000명 이상에 대한 정보를 제공했다.[3] 이 보고서에는 괴
롭힘에 대한 부분이 포함되어 있으며 다음과 같은 정의로
시작한다.

> 우리는 괴롭힘에 관한 질문을 하고자 합니다. 괴롭힘은
> 사람에 따라 다양한 의미를 지닐 수 있습니다. 괴롭힘은
> 놀리거나 때리거나 차거나 혹은 그렇게 하겠다고 말하는
> 등 상대방을 고의로 해치거나 헐뜯는 것입니다. 상대방
> 의 소유물을 빼앗거나 부수고, 상대방이 원치 않는 일을
> 시키거나 상대방을 따돌리거나 상대방에게 상처가 되는
> 허위 사실을 유포하는 행동이 포함됩니다. 괴롭힘은 직접
> 대면하거나 휴대 전화 또는 인터넷을 통해 행해집니다.

이 정의에 이어 학생들에게 질문이 주어졌다. 자신이 학
교에서 괴롭힘을 당한 적이 있는지, 그렇다면 괴롭힘을 당

한 시기는 1년 전 또는 그 이상/1년 이내/최근 6개월 이내/최근 4주 이내인지 묻는다. 괴롭힘 발생 빈도는 올해 들어 몇 차례/매달/매주/거의 매일/매일인지 등의 질문이 주어졌다. 학교 이외의 장소(등굣길을 포함)에서 괴롭힘을 당한 경험에 대해서도 비슷한 질문이 주어졌다. 총 48%의 학생들이 학교 내 특정 장소에서 괴롭힘을 당한 경험이 있다고 응답했고, 21%는 학교 밖에서 괴롭힘을 당한 경험이 있다고 응답했다.

거의 절반에 가까운 학생들이 괴롭힘을 당한 것이므로 48%는 높은 수치이다! 하지만 기간을 어떻게 정하는지(얼마나 오래전에 괴롭힘이 발생했는지)에 따라 이 수치는 큰 차이를 보인다. 48%는 학생들이 지금껏 학교 내에서 괴롭힘을 당한 경험이 있는지를 나타내는 수치이다. 지난 1년 동안 괴롭힘을 당한 학생은 25%, 지난 한 달 동안은 13%, 지난 4주 동안은 9%로 각 기간에 따라 비율이 감소한다. 또한 주목할 필요가 있는 사실은 앞서 제시된 정의는 다양한 범위의 행동을 포함하지만 힘의 불균형과 관련된 기준은 언급하지 않았다. 그러므로 학생이 이해하고 있는 '괴롭힘'의 정의에 따라서는 힘의 불균형과 관련이 없는 몇몇 행동도 괴롭힘에 포함시켰을 수 있다.

조사 결과 피해자의 경험에 있어 성별에 따른 차이는 없는 것으로 밝혀졌다. 나이가 어린 아동, 장애가 있는 아동, 아시아계나 흑인보다 백인 아동에서 피해자 발생 비율이 더 높았다. 안타깝게도 텔어스 조사는 그 이후 중단되었다. 게다가 텔어스 3과 텔어스 4 조사조차도 절차상 차이가 있었기 때문에 잉글랜드 전체에서 시간이 흐름에 따라 어떤 추세가 나타나는지 보여 주지는 못했다.

자선 단체인 디치더레이블은 영국 전역에 대한 좀 더 최근의 조사 결과를 발표했다.[4] 이 단체는 12~20세 청소년 1만 20명을 표본 조사했다. 이 조사에서는 괴롭힘에 대한 정의는 제시하지 않았다. 보고서는 '괴롭힘의 본질은 주관적이다. 다시 말해 보호자가 괴롭힘이라고 생각한 여러 행동에 대해 모든 사람이 다른 의견을 갖는다'고 명시하고 있다. 이에 따라 이 단체는 '물리적으로 누군가를 공격한 적이 있나요?' 또는 '온라인상에서 누군가에게 불쾌한 말을 한 적이 있나요?' 등 여섯 가지 유형의 경험에 대한 질문을 했다. 당연히 이러한 유형의 질문에서는 피해자의 수치가 높게 나온다. 이 조사에서 54%가 어느 시점에 '괴롭힘을 당한 적이 있다(이 여섯 가지 행동 중 한 가지를 경험했다)'고 말했다. 20%는 일주일에 최소 한 번 이상 괴롭힘을 당한 적이 있다고 말했다. 하지만 이러한 수치에는 일반적으로 괴롭힘이라고 여겨지지 않는, 서로 대등한 사람끼리의 다툼과 갈등이 포함되어 있을 것이다.

미국에서는 학교 범죄 보충 자료 및 범죄 피해 국가 조사를 통해 전국적 규모의 통계 자료가 제시된다.[5] 미국 전역의 12~18세 청소년을 대상으로 한 이 조사는 학생들에게 재학 기간 동안 다른 학생이 자신을 괴롭힌 적이 있는지에 대한 질문과 일곱 가지 공격 유형을 제시했다. 이와 함께 표 1.1에 있는 미국 질병 관리 예방 센터의 정의가 제시되었다. 총 2,317명의 응답자 가운데 20.8%가 피해 경험이 있다고 밝혔다. 하지만 이 중 3분의 2는 학창 시절에 단 한두 차례만 피해를 겪었다고 말했기 때문에 한 달에 최소 한두 차례 괴롭힘을 당했다는 수치는 6.9%로 떨어졌다. 흑인과 다른 인종 집단에서 피해가 가장 많이 발생했으며, 아시아계와 히스패닉계에서 가장 적게 발생했다. 흔히 볼 수 있는 바와 같이 피해자 비율은 남학생보다 여학생 사이에서 약간 더 높았고 연령대와 학년이 높아질수록 줄었다.

국가 간 비교 조사

많은 조사에서 세계적으로 다양한 국가의 청소년에게 동일한 설문지를 제공하여 국가 간 비교를 시도했다. 국가 간 비교를 통해, 예를 들어 학교 내 괴롭힘 피해 경험 등을 기준으로 성적이 좋은 국가와 나쁜 국가를 보여 주는 '성적표'가 나올 수 있다. 표 2.1에 이러한 유형의 주요 비교 조사가 요약되어 있다. 조사 결과는 모두 아동과 청소년이 스스로 응답한 내용을 취합한 것이다. 괴롭힘 가해자에 대한 평가는 일부 조사에서, 괴롭힘 피해자에 대한 평가는 모든 조사에서 이루어졌다.

표면적으로 볼 때 괴롭힘에 대한 정의, 절차 및 시간적 기준에 있어 다소 차이가 있지만 조사 내용은 동일하다. 안타깝게도 각 조사에서는 매우 고르지 않은 결과가 나왔다! 그중 스웨덴의 학생을 대상으로 한 EU 키즈 온라인EU Kids Online, EUKO의 결과와 학령기 아동의 보건 행동 설문 조사 Health Behaviour of School-aged Children, HBSC의 결과가 가장 극명한 예이다. EU 키즈 온라인의 2010년 자료에 따르면 스웨덴은 가해자 비율의 순위가 4위(25개국 중)로 성적이 좋지

표 2.1 피해자 비율에 대한 국가 간 주요 조사

조사명	조사 대상 국가	조사 시기	아동/청소년의 연령
학령기 아동의 보건 행동 설문 조사	40여 개국, 주로 유럽 국가와 미국, 캐나다, 러시아	1993/ 1994년에 시작하여 4년마다	11, 13, 15세
EU 키즈 온라인	25개 유럽 국가	2010	9~16세
글로벌 학교 기반 학생 건강 조사Global School Health Survey, GSHS	80여 개국, 주로 개발 도상 국가	불규칙적	13~17세
수학·과학 성취도 추이 변화 국제 비교 연구Trends in International Mathematics and Science Study, TIMSS	약 60개 국가	1995년부터 4년마다	4학년(9~10세)과 8학년(대략 13~14세)
국제 학업 성취도 평가Programme for International Student Assessment, PISA	52개 국가	2015년 (이전에는 괴롭힘에 대한 학생 자료를 포함하지 않았다.)	15세

않았다. 반면 학령기 아동의 보건 행동 설문 조사의 2009년 10월(조사 기간이 일치한다) 자료에서는 스웨덴이 같은 항목에서 하위 3위(38개국 중 36위)를 기록했다! 스웨덴의 성적이 좋았다는 의미이다. 이는 과학적 기준에서 볼 때, 만족스럽지 않은 결과이다. 다른 여러 조사 결과에서도 국가별로 비교했을 때 국가의 순위는 그다지 일치하지 않았다. 다시 말해 각 조사별 국가 순위 '성적표'(조사 대상 국가는 겹친다)가 잘 일치하지 않는다.[6]

이렇게 조사 결과가 일치하지 않는 데는 다음과 같은 다양한 이유가 있다. 어떤 정의가 사용되는지, 어떤 괴롭힘이 언급되었는지 혹은 그에 대한 질문이 주어졌는지, 어떤 기간이 기준인지, 어떤 표본을 사용했는지, 중도 포기 비율은 주목할 만한지, 각 질문은 어떻게 번역되었는지(예를 들어 '괴롭힘bullying' 등의 용어를 사용할 때) 등이다. 안타깝게도 현재로서는 괴롭힘 발생 비율에 있어서 실제로 어떤 국가가 성적이 좋고 어떤 국가가 성적이 나쁜지 알기 어렵다.

또래 지명

양적 연구 방법의 주요 대안으로 또래 지명 기법이 있다. 학급에서 누가 괴롭힘을 당하는지 알아보기 위해 각 학생에게 설문지를 작성하게 하거나 인터뷰를 한다. (보통 학생 명단을 제시하여 괴롭힘을 당한다고 생각되는 학생들의 이름에 표시를 할 수 있도록 한다.) 때때로 괴롭힘 가해자를 지명하게 하거나 보호자 등의 다른 역할을 하는 학생을 지명하게 한다. 물론 이 기법은 대부분의 다른 연구 기법에 비해 윤리적 문제를 야기한다. 특히 조사 후에 학생들이 다른 사람들을 어떻게 지명했는지에 관해 서로 상의를 할 경우에 그렇다. 하지만 일반적으로 아이들은 어떠한 괴롭힘이 발생하고 있는지에 대해 상당히 잘 파악하고 있으며, 현재까지 연구 결과를 보면 응답 내용의 비밀 유지를 강조하는 등 적절한 예방 조치를 취할 경우 부작용의 우려는 없는 것으로 나타났다.

또래 지명 기법은 학급 내 대부분 혹은 모든 학생들로부터 정보를 얻는 것이기 때문에 자기 보고에 비해 더 신뢰할 만하다고 생각할 수 있다. 그 이유는 두 가지다. 첫 번째는 단순히 수가 많기 때문이다. 학급에 속한 대부분의 아동이 아무개를 피해자라고 생각한다면 단 한 명의 아동이 보여 주는 견해보다 더 신뢰할 수 있을 것이다. 두 번째는 일부 아동은 자기 자신에 대해 정확한 보고를 하지 않을 수도 있기 때문이다. 미국의 한 연구에서 자나 주보넨Jaana Juvonen과 동료 연구자들은 12~13세 학생 400명을 대상으로 피해자 여부를 묻는 질문에 자기 보고 결과와 또래 지명 결과를 비교했다.[7] 연구 팀에 따르면 표본 조사 대상의 56%에서 '피해자가 아님'이라는 답변과 관련해 자기 보고와 또래 지명 결과가 일치했고, 14%에서 '피해자임'이라는 답변과 관련해 결과가 일치했다. 하지만 30%에서는 자기 보고와 또래 지명 결과가 일치하지 않았다! 자신을 피해자라고 보고한 23%의 학생들을 또래 학생들은 피해자로 지명하지 않았다. 이 학생들은 '피해망상'으로 명명되었다. 나머지 7%의 학생들은 자신을 피해자라고 보고하지는 않았지만 대부분의 학생들은 이들을 피해자라고 지목했다. 이 학생들은 '현실 부정'으로 명명되었다. 연구자들이 붙인 이러한 명칭은 또래 지명이 자기 보고에 비해 더 '정확하다'는 점을 시사한다. 이러한 견해가 사실일 수도 있다. 한 학생이 자신의 상황을 자신만의 독특한 시점으로 이해하는 경우가 분명히 있다. 하지만 (예를 들어) 이전에 피해를 당했던 학생이 최근 얼마 동안은 괴롭힘을 당하지 않았다 하더라도 또래 집단에서는 여전히 피해자로 낙인이 찍힌 상태일 수도 있다. 이 모든 경우에서 얻을 수 있는 교훈은 '진실'을 이해하는 데는 다양한 시각이 존재하며 연구 과제를 수행하는 데 있어 한 가지 이상의 연구 방법을 사용하는 것이 바람직하다는 것이다.

특별히 고안된 온라인 프로그램을 이용해서 상대적으로 시간을 줄일 수 있기는 하지만 또래 지명 과정은 기존의 자기 보고 조사 방식에 비해 시간이 더 오래 걸린다. 그러나 또래 지명 방법이 학급 기준으로 가장 보편적으로 사용된다. 네덜란드 출신인 르네 빈스트라Rene Veenstra와 동료들은 또래 지명 방법을 좀 더 정교하게 만든 '소셜 네트워크 분석'이라는 연구 방법을 개발했다.[8] 이 방법에서도 학생들이 누가 누구를 괴롭히는지(또는 누가 누구를 보호하는지 등)를 지명한다. 이 방법을 이용하면, 예를 들어 이성 간의 괴롭힘이 얼마나 많이 발생하는지, 가해자가 특정 피해자를 공격하는지 혹은 다수의 피해자를 공격하는지, 가해자가 때때로 자신의 친구들을 보호할 때도 있는지 등 훨씬 자세한 분석을 할 수 있다.

다른 방법들

물론 양적 데이터를 얻을 수 있는 다른 여러 방법이 있다. 예를 들어 교사와 부모를 대상으로 한 조사 기법이나 지명 기법을 적용할 수 있다. 이러한 방법은 유용하며, 어린 아동(7~8세까지)과 글로 적힌 설문지 작성이 어려운 대상에게는 교사 지명이 선호되는 방법일 수도 있다. 하지만 특히 더 높은 연령대의 아동을 대상으로 학교 내 괴롭힘에 대한 연구를 진행할 때 상황을 실제로 잘 파악하고 있는 대상은 학생 자신과 또래 집단이다.

국가 간 비교 조사의 경우 한동안 국제 학업 성취도 평가PISA(표 2.1 참조) 조사에서 학교 내 괴롭힘의 범위에 대해 교사 보고 방식을 사용했지만 현재는 학생 보고 방식을 사용한다. 특히 공식적인 자격으로 정보를 취합할 경우 교사 보고는 사회적 바람직성의 영향을 받을 수 있다. 일본의 경험에서 이러한 사실이 잘 드러난다. 1980년대와 1990년대 전반에 걸쳐 일본의 교육부(문부성)는 괴롭힘 즉, '이지메' 사건에 대한 교사 보고를 포함한 '학교 내 문제 행동 연례 실태 조사'를 발표했다. 수년간 이 수치는 꾸준히 감소세를 보였다. 하지만 안타깝게도 1990년대에 '이지메'로 인한 자살 사건이 많이 발생했다(4장 참조). 이에 따라 '이지메' 문제가 실제로 줄어든 것이 아니라 그 어느 때보다 심각한 상황이며, 학생 자신에 의한 보고가 더욱 중요한 평가 자료라는 사실을 인식하게 되었다.

완전히 다른 연구 방법들도 있다. 학교에 기록이 보관되는 사건 보고는 특히 시간이 지나면서 해당 학교의 조사 방법이 바뀔 때(아마도 새로운 절차나 조치가 시행된 이후에) 유용하다. 그러나 연구 방법의 변화로 인해 여러 학교를 비교하거나 대규모의 데이터를 수집하는 데는 그다지 적절하지 않을 것이다. 1장에서 설명한 만화를 이용한 설문은 또 다른 유형의 양적 조사 방법이다. 하지만 괴롭힘이 얼마나 자주 발생하는지 보다는 주로 학생들이 어떤 유형의 행동을 괴롭힘(또는 희롱, 놀림, '이지메' 등)이라고 생각하는지 조사하기에 적합하다.

평가의 신뢰성과 타당성

___

질적 연구 방법이건 양적 연구 방법이건 연구 결과는 신뢰할 만하고 타당해야 한다. 신뢰성이란 다른 연구자가 같은 방법을 이용했을 때 비슷한 결과가 나와야 하는 것이다. 타당성이란 도출된 결론이 정확해야 하며 해당 연구의 특정 상황이나 표본에만 국한된 것이 아니라 어느 정도의 일반화 가능성이 있어야 한다는 의미이다.

질적 연구법에서는 기존 참여자(인터뷰 대상자)에게 연구를 통해 도달한 주제 또는 결론을 보여 주고 이러한 결론이 자신들의 경험과 일치하는지 여부를 확인함으로써 신뢰성을 측정할 수 있다. 또 다른 기준은 '포화도'를 평가하는 것이다. 인터뷰나 포커스 그룹 인터뷰를 더 진행한다 하더라도 새로운 주제가 나오거나 결론이 크게 바뀌지 않을 만큼 자료가 충분히 수집되었는지를 평가하는 것이다. 기존의 표본 조사 대상에 속하지 않는 다른 사람들(하지만 예를 들어 다른 학교나 국내 다른 지역의 학생 또는 교사처럼 조사 결과의 일반화에 있어 바람직한 대상)도 주제와 결론을 인정하는지 여부를 확인함으로써 타당성을 측정할 수 있다.

양적 연구법에서 신뢰성은 표본을 반으로 나누었을 때 수적으로 비슷한 결과(예를 들어 괴롭힘 발생 건수)가 얻어지는지를 확인하여 평가할 수 있다. (예상할 수 있듯이 이 측정 기법은 '반분 신뢰도split-half reliability'라고 한다.) 양적 비교(예를 들어 연령, 성별, 시간에 따른 측정치)에서는 통계 검증을 이용할 수 있다. 기본적으로 통계 검증을 통해 표본이 충분한 규모로 확보되었는지, 차이가 충분히 일관되게 나타나는지, 비슷한 표본을 대상으로 해당 연구를 반복하거나 표본을 늘렸을 때 동일한 결론에 도달할지 여부를 알 수 있다.

일반적으로 같은 표본을 대상으로 동일한 결론이 재현되지 않을 확률이 20명에 1명꼴이면 통계적 유의성을 지닌다고 간주된다. 식으로 표현하면 $p < .05$(이 연구 결과가 우연일 가능성인 p값이 100분의 5 또는 20분의 1보다 작다)로 나타낼 수 있다.

유의 수준은 많은 양적 연구자들 사이에서 성서처럼 여겨진다. 보통 $p < .05$인 경우에 연구 결과가 보고할 가치가 있다고 간주된다. 예를 들어 피해자 비율을 성별에 따라 비교한다고 가정할 때 통계 검증 결과 $p < .05$이면 확정적 결과로 '남학생이 여학생에 비해 피해를 더 당했다'와 같이

보고될 것이다. 반면 검증 결과가 $p > .05$(따라서 비슷한 표본에서 해당 결과가 재현되지 않을 확률이 100분의 5 또는 20분의 1보다 크다)라고 가정해 보자. 연구자는 대개 '남학생과 여학생 사이에 피해자 비율이 차이를 보이지 않았다'라고 보고할 것이다. 통계적 유의 수준을 0.05로 잡는 것은 관행적인 기준이고, 신중을 기하는 연구자는 $p < .01$(100분의 1) 이상을 더 선호할 것이다. 반면 결과를 간절히 원하는 연구자는 $p < .10$(재현되지 않을 확률이 10분의 1)을 관심을 가질 만한 경향으로 채택할 것이다.

이러한 방법으로 통계를 이용한 결과가 자주 보고되는 데는 많은 문제가 있으며 보고서를 읽을 때 이 사실을 인식하고 읽으면 도움이 된다.

- $p < .05$ 또는 20분의 1이라는 기준은 분명히 임의적이다. 유의 수준이 $p < .05$인 결과 역시 확률이 낮더라도 여전히 우연한 결과일 수 있다. 실제로 여기서 상당히 흔히 발생하는 문제는 연구자가 동일한 데이터 세트를 대상으로 다수의 비교를 하는지 여부이다. 연구자는 다른 종류의 피해, 다른 종류의 역할 등을 기준으로 남학생과 여

학생을 비교할 가능성이 있다. 예를 들어 이러한 방식으로 20건의 비교를 했다고 가정해 보자. 연구자는 이 중에 한 가지 '유의미한' 결과가 나오면 이 결과를 강조할 것이다. 그러나 유의 수준이 $p < .05$일 때 20건의 비교에서 한 가지 '유의미한' 결과가 나온다면 이는 재현 가능한 결과가 아닌 우연한 결과라고 예상할 수 있다. 이러한 경우에 적용할 수 있는 통계적 보정이 있지만 보통 이런 보정은 이루어지지 않는다.

- 두 번째 문제는 결과가 유의 수준 $p < .05$이 아닌 경우 연구자는 (예를 들어 성별에 따른 피해자 비율이) 차이를 보이지 않는다고 말하고 싶을 것이다. 그러나 이는 아마도 제대로 된 결론이 아닐 것이다. 거의 항상 피해자 비율은 차이가 난다. 다만 결과를 재현할 수 있다는 확신을 할 수 없는 것뿐이다.

- 세 번째 문제는 대규모 표본의 경우 아주 작은 차이조차 통계적으로는 유의미하겠지만 실제로는 중요하지 않을 수 있다. 예를 들어 학생 수가 각각 2,000명인 두 개의 고등학교를 비교한다고 가정해 보자. 한 학교에서는 7.5%의 학생이, 다른 학교에서는 7.3%가 괴롭힘을 당했다고

말한다. 이 결과는 유의 수준 p < .05로 통계적으로 유의미하지만 두 학교 간 실제 피해 발생 비율의 차이 0.2%는 너무 작아서 중요하지 않다. 이 때문에 '효과 크기effect sizes'를 보고해야 할 필요성이 생겨났고 효과 크기는 일반적인 유의 수준 이상으로 중요하다. 효과 크기란 전체 평균 수준과 비교한 차이의 크기를 말한다. (여기서는 전체 평균 7.4와 차이 0.2를 지칭한다.)

평가의 윤리적 문제

괴롭힘은 민감한 주제이다. 특히 괴롭힘을 당한 경험에 대해 질문하는 것은 불쾌한 기억을 불러일으키고 정신적 고통을 유발할 수 있다. 아동과 청소년이 관련된 경우 동의에 관한 특수한 문제가 있다. 특히 영국과 미국을 포함한 대부분의 국가에서는 관련 기관의 윤리 위원회가 모든 연구를 신중히 심사하고, 윤리 위원회의 승인 없이는 연구를 진행할 수 없다. 윤리 위원회는 다음과 같은 종류의 문제를 심사할 것이다.

- 사전 설명 후 설문에 대한 동의가 이루어졌는가? 학교 환경 내에서라면 청소년 스스로(동의가 가능한 연령인 경우), 그들의 부모 또는 보호자, 교사의 동의가 이루어져야 한다. 설문 동의란 어떤 종류의 질문을 할 것인지, 어떤 예방 조치를 취할 것인지를 아는 상태에서 동의하는 것을 의미한다.

- 설문 참여자가 자발적으로 참여하는 것이며 원하는 경우 대답을 하지 않고 남겨 둘 수 있고 원하는 경우 설문 참여를 언제든 중단할 수 있다는 사실을 분명히 밝힐 것인가?

- 해당 데이터에 대한 비밀이 보장될 것인가? 다시 말해 어떤 보고서나 출판물에서도 아동의 개인 신원이 밝혀지지 않을 것인가? 그러나 여기에는 단서 조항이 있다. 연구자가 최근 혹은 현재 특정인에게 심각한 해가 가해지고 있으며, 이에 대해 아무런 조치가 취해지지 않았고 앞으로 취해지지 않을 것을 인지하게 되면 외부의 도움을 요청해야 한다. 정보를 밝힌 참가자는 누구에게 어떻게 말할지에 관한 결정에 관여할 수 있지만 정보를 알릴지 말지 여부를 결정할 수는 없다.

- 누군가 고통을 당하고 있는 경우 도움을 받을 수 있는가?

예를 들어 학교 상담사의 도움을 받을 수 있을 것이다. 또한 도움을 제공할 수 있는 웹 사이트와 상담 전화에 대한 상세한 정보가 나와 있는 안내지를 모든 참가자에게 제공할 수 있다.

실제로 이러한 종류의 연구를 진행하는 데 어려움이 자주 발생하는 것은 아니지만 이러한 예방책은 합리적이고 대개 의무적으로 취해야 하는 조치이다.

다양한 연구 방법의 장점과 단점

———

각 연구 방법이 지닌 장점과 단점이 이제 분명히 이해가 될 것이다. 어떤 연구 방법을 선택할 것인지는 연구자의 학문적 배경뿐 아니라 연구자가 어떤 질문들에 가장 관심이 많은지에 따라 결정된다. 여러 연구 방법을 혼합하는 것이 가장 성과가 좋겠지만 시간이 많이 걸리고 상대적으로 잘 시도하지는 않는다.

질적 연구 방법은 현상의 특징을 밝히는 데 가장 유용하다. 우리는 자신의 학창 시절의 경험을 통해 괴롭힘에 대해 알고 있다고 생각하지만 다른 학생, 다른 학교, 다른 국가, 다른 시기에 따라 상황은 다를 것이다. 가장 명백한 예가 사이버 괴롭힘이다. 현대의 성인들은 학생 때 이러한 경험을 하지 않았을 것이다. 초기 단계에서 질적 연구법을 사용하면 어떤 종류의 사이버 괴롭힘이 발생하고 있는지 확실히 밝히는 데 유용할 수 있으며 이후에 양적 조사를 진행할 수 있다. 만약 너무 성급하게 양적 조사로 넘어갈 경우 그러한 조사는 미리 정해진 질문이나 범주로 한정될 것이다. 연구자는 질문한 내용에 대한 답만 얻을 수 있고 질문하지 않은 중요한 내용은 놓칠 수 있다. 하지만 질적 연구는 양적 조사 이후 특정한 결과에 대한 해석을 위해서도 유용할 수 있다. 예를 들어 특정한 유형의 괴롭힘에서 성별에 따른 차이가 발견되었다고 가정해 보자. 이러한 차이는 왜 발생했을까? 인터뷰 또는 포커스 그룹 인터뷰를 통해 이에 대한 유용한 정보를 얻을 수 있을 것이다.

하지만 질적 연구는 보통 소규모의 표본을 대상으로 하며 인구 전체 수준의 일반적인 그림은 보여 주지 못한다. 양적 연구는 발생 비율을 밝히고 그룹별 혹은 하위 그룹별 차이점을 관찰하는 데 가장 유용하다. 발생 비율이 중요한 이유는 사회적, 정치적 이유 때문이다. 괴롭힘 당하는 경험이 단지 극소수가 겪는 문제가 아니라 보편적 문제임을 보여 주는 것은 괴롭힘에 대한 대중의 인식을 높이고 그에 관련한 조치를 촉진할 수 있기 때문에 매우 중요하다(1장 참조). 발생 비율을 시기별로 비교하는 것(동일한 주민 또는 비슷한 주민을 대상으로)은 시행된 조치나 개선 노력이 성과를 내고 있는지 확인하기 위해 중요하다. 예를 들어 성별, 연령별, 인종별 혹은 장애 여부 등 그룹별 비교는 어느 그룹이 가장 위험에 처해 있는지를 밝히고(3장 참조), 어떤 유형의 괴롭힘에는 어떤 해결책이 필요한지를 밝히기 위해 중요하다(6장 참조).

하지만 연구를 진행할 때는 신중을 기해야 하며 결론 또한 신중하게 내려야 한다. 이러한 사실은 2장 앞부분에서 언급한 조사 결과를 살펴보면 확실히 알 수 있다. 이러한 조사들에서 보여 주는 14%에서 54%에 이르는 피해자 수치는 편차가 크고 일부 조사는 더 큰 수치 혹은 더 작은 수치를 제시하기도 한다. 괴롭힘에 대해 어떤 정의를 사용하는지에 따라(또는 정의를 사용하는지 사용하지 않는지 여부에 따

라) 이러한 수치는 달라진다. 예를 들어 어떤 유형의 괴롭힘이 평가되는지, 어떤 시기를 기준으로 질문이 제시되는지(현재, 지난 학년, 지난 학기), 괴롭힘이 얼마나 자주 발생하는지(한두 번 혹은 여러 번), 표본의 특성과 무응답 정도 또는 중도 포기 비율 등에 영향을 받는다. 누군가 학생들에게 지난 1년간 최소 한 번 이상 어떤 종류이든 폭행을 당한 경험이 있는지 물어본다면 학생들의 응답 수치는 굉장히 높을 것이다. 반면 지난 한 달간 한두 번 이상(반복적으로 그리고 힘의 불균형이 있는 상황에서) 괴롭힘을 당했는지 물어보면 응답 수치는 훨씬 낮아질 것이다. 여기서 얻을 수 있는 교훈은 통계치를 해석할 때는 신중해야 하며 어떤 연구 방법을 사용했는지 확인해야 한다는 것이다.

03

누가 괴롭히고,
누가 괴롭힘을 당할까?

앞의 2장에서 어떻게 측정하는지에 따라 괴롭힘 발생 수치가 매우 다양해지는 것을 보았다. 그럼에도 불구하고 거의 언제나 대부분의 조사에서 어떤 방식이든 괴롭힘에 연관되는 아동 또는 청소년이 소수에 불과함을 시사한다. 대부분의 아동은 기본적으로 '관련 없는' 아동으로 분류될 수 있다. 그렇다면 괴롭힘과 관련 있는 아동은 어떤 아동인가?

주의해야 할 두 가지 중요한 사안이 있다. 첫 번째는 누구나 언제든 괴롭힘에 연루될 수 있다는 사실이다. 괴롭힘을 보다 학문적으로 상세하게 다루었던 나의 책[1]에서 학창 시절에 내가 어떻게 해서 개인적으로 피해자도 되어 보고, 다른 누군가를 괴롭히는 데 가담하게 되었는지에 대해 말했다. 사실 나는 대부분의 독자가 이와 같은 입장일 것이라고 생각한다. 반면 조직적으로, 오랜 기간에 걸쳐 괴롭힘에 연관되었던 사람은 오직 소수일 것이다. 다시 말해 우리는 이분법적 논리가 아닌 관련된 정도에 대해 살펴볼 것이다.

두 번째는 가해자와 피해자에 대해서만 생각해서는 안 된다는 점이다. 실제로 괴롭힘에 관여하는 범위와 유형은 다양하다. 우리는 괴롭힘의 '참여자 역할'이라고 불리는 이 문제에 대해 살펴볼 것이다.

괴롭힘의 참여자 역할

——

2장에서 설명했던 바와 같이 괴롭힘에 대한 표준 설문과 조사에서는 항상 응답자가 괴롭힘을 당한 적이 있는지 즉, 현재나 과거에 '피해자'가 되었던 경험이 있는지를 묻는다. 이 설문의 대부분은 또한 응답자가 다른 사람을 괴롭혔던

적이 있는지 혹은 괴롭힘에 가담한 적이 있는지 즉, '가해자'였던 경험이 있는지도 물어본다. 이는 괴롭힘에서 명백하게 나타나는 두 가지 역할이다. 우선 거의 대부분의 사람들이 언젠가 괴롭힘에 관련되었던 적이 있다는 사실을 감안할 때 특정 아동을 '피해자' 또는 '가해자'로 낙인 찍는 것은 안타까운 일이며, 행동을 개선하고자 할 때 역효과를 낳을 수도 있다. 반면 연구를 수행할 때는 이러한 구분이 유용한 방법이 될 수 있다. 즉, 보통 피해를 당하는 사람들의 특성과 다른 사람들을 괴롭히는 사람들의 특성을 파악하고 '위험 요인'을 밝히려는 목적의 연구에서는 이러한 분류가 유용하다. 여기서 위험 요인이란 이러한 역할과 연관성이 있는 다른 요인들(예를 들어 가정 환경 등), 즉 괴롭힘의 여러 역할에 관련될 여부를 예측할 수 있는 요인들을 지칭한다. 앞으로 이 요인들에 대해 짧게 다룰 것이다. 하지만 다른 참여자 역할에는 어떤 것들이 있는지 먼저 살펴보자.

또 다른 부류는 '비非 가담' 아동이다. 우리가 선택한 기준에 따르면 피해자도 가해자도 아닌 아동(보통 대다수의 아동)이 이 부류에 속한다. 어떻게 이 부류의 아동을 다양한 하위 범주로 세분화할지 곧 살펴볼 것이다. 네 번째 부류는 피해자이면서 가해자이기도 한 아동이다. 일반적으로 '가해-피해자'라고 지칭하며, 자기 보고 또는 또래 지명에 의해 가해자 범주와 피해자 범주에 모두 속한 아동이다. 다른 사람들에게 괴롭힘을 당할 수도 있지만 동시에 감정을 자극하거나 짜증을 유발하기 때문에 남을 괴롭히는 행동을 한다고 인식되는 부류이다.

'참여자 역할'이라는 용어의 어원은 핀란드 출신의 심리학자 크리스티나 살미발리Christina Salmivalli의 연구에서 찾을 수 있다. 살미발리는 앞서 살펴본 역할 이외에 가해자 역할(세 개의 하위 역할)과 비 가담자 역할(두세 개의 하위 역할)을 세분화했다.[2] 피해자 역할 또한 세분화할 수 있다.

가해자 하위 역할: 세 가지 가해자 하위 역할은 때때로 '주모자, 협력자, 강화자'로 구분된다. 이러한 시각에서 볼 때 괴롭힘은 여러 사람이 관여하는 집단적 작용이다. 일부 괴롭힘은 일대일로 이루어질 수 있지만 보다 일반적인 경우 다른 사람들이 어느 정도 연루된다. 주모자는 앞장서서 괴롭힘을 시작하는 사람이다. 협력자는 '주모자를 따라' 괴롭힘에 가담하는 사람이다. 강화자는 직접적으로 가담하지는 않지만 비웃거나 괴롭힘을 부추김으로써 보다 소극적

으로 동조하는 사람이다. 많은 연구에서 이 세 가지 역할이 서로 겹치는 부분이 많다고 주장하지만 개념상으로는 명확히 구분된다.

비 가담자 하위 역할: 다른 아동들은 괴롭힘이 발생하는 상황을 목격할 것이다. 하지만 그 상황을 싫어하고, 비웃거나 부추기는 등의 행동으로 괴롭힘을 부추기지 않는다. 가장 친 사회적 측면의 역할로, 일부 아동은 '보호자'로 분류할 수 있다. 이들은 가해자에게 맞서고 괴롭힘을 멈추라고 말하거나 피해자를 위로하거나 예를 들어 교사에게 도움을 청할 것이다. 괴롭힘에 대항한 학교 차원의 개입을 계획할 때 보호자 역할이 매우 중요하다(6장 참조). 그 밖의 아동은 단지 침묵하고 지켜보며 아무런 행동도 하지 않을 것이다. 이들은 보통 '방관자'로 분류된다. 그러나 일부 연구자들은 소극적으로 구경하는 행위조차(다시 말해 가담하거나 보호하지 않는다) 그 자체만으로 괴롭힘을 강화하는 행위라고 주장한다. 마지막으로 괴롭힘을 실제로 인식하지 못하는 일부 아동은 '아웃사이더'이다.

피해자 하위 역할: 피해자 역할은 보통 '수동적 피해자'와 '도발적 피해자'로 구분된다. 스웨덴 출신의 심리학자 아나

톨 피카스Anatol Pikas가 많이 사용한 이 구분법은 그의 피카스 괴롭힘 대처법(6장 참조)의 중요한 부분이다. 수동적 피해자는 자신에게 가해지는 폭행을 유발하거나 또는 폭행이 정당화될 만한 아무런 행동도 하지 않은 아동 또는 청소년이다. '수동적 피해자'라는 용어는 유감스럽게도 부정적 의미를 담고 있다. 해당 아동은 일반적인 의미에서 전혀 수동적이지 않을 것이다. 하지만 그 반대 경우인 도발적 피해자는 또래를 화나게 하거나 폭행을 불러올 만한 일들을 할 수 있다. 예를 들어 이들은 부적절하게 놀이에 끼어들거나 다른 사람들이 보기에 해롭지 않은 농담에 공격적으로 반응할 수 있다. 이와 같이 도발적 피해자는 앞서 설명한 가해-피해자 역할과 다소 유사하며 실제로 두 역할은 상당 부분 겹친다. 피카스는 두 역할의 구분을 중요하게 생각했다. 수동적 피해자의 경우 전적으로 가해자의 행동을 바꾸는 것이 강조되어야 하는 반면, 도발적 피해자의 경우는 가해자와 피해자 '양쪽의' 행동을 모두 바꾸는 것이 중요할 것이기 때문이다.

앞에서 설명한 다양한 역할과 관련하여 이 역할들에 대한 연구에서 밝혀진 것은 무엇일까? 즉, 각 역할에 대한 예측 변수 또는 위험 요인은 무엇일까? 여기서는 이른바 생태학적 모델을 활용하면 답을 얻는 데 도움이 될 것이다.[3]

생태학적 모델

——

미국의 심리학자 유리 브론펜브레너Urie Bronfenbrenner가 설명한 인간 발달의 생태학적 모델이 그림 3.1에 나와 있다. 연속되는 여러 원들의 중앙에는 개인이 위치한다. 원의 중앙에서 벗어나 바깥쪽으로 나오면 개인에게 미치는 영향력이 가깝거나 먼 범위의 원들이 그려져 있다. 두 번째 원에는 가족이나 학교의 또래 등 아동이 직접적으로 대면하는 사람들이 위치해 있으며 이들을 미시 체계microsystem라고 부른다. 다음 원은 미시 체계가 서로 어떻게 상호 작용하여 아동에게 영향을 미치는지를 보여 준다. 예를 들어 아동의 가정 환경 상태가 학교 성적이나 또래 관계에서의 자신감 등에 어떤 영향을 미칠 수 있는지를 보여 주는데, 이러한 영역은 중간 체계mesosystem라고 부른다. 그다음 원에 있는 환경들은 아동이 직접적으로 참여하지는 않지만, 개

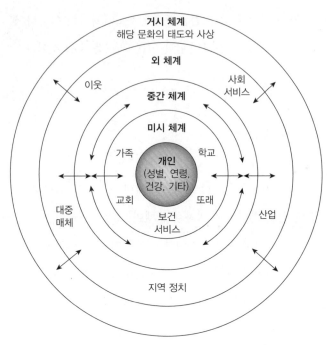

그림 3.1　유리 브론펜브레너가 설계한 생태학적 모델[4]

인에게 영향을 미친다. 예를 들어 부모의 직장 환경은 가정
에 영향을 미치고 따라서 아동에게도 영향을 미칠 수 있다.
이 환경은 외 체계exosystem라고 한다. 마지막 원은 아동이
속한 사회 내 사회적 기관의 전반적 구성이다. 예를 들어
근무 시간 또는 실업률(그리고 실업에 뒤따를 수도 있는 사회적

낙인)이 부모의 스트레스에 어떻게 영향을 미치는지를 보여 준다. 이 영역은 거시 체계macrosystem라고 부른다.

브론펜브레너는 각 계층별 영향이 서로 상호 작용한다는 사실을 강조했다. 그러나 간단한 수준에서 개인적 요인, 가족 요인, 또래 집단 요인, 학교 요인이 미치는 직접적 영향과 더 넓은 사회의 영향을 고려해 볼 수도 있다. 개인, 가족, 또래 집단 요인과 관련해 가장 많은 연구가 이루어졌으며 괴롭힘의 주요 참여자 역할에 따라 이러한 요인들을 별도로 살펴보는 것이 바람직할 것이다. 그 후에는 개인적 요인, 즉 연령과 성별을 살펴보고, 그다음으로는 좀 더 일반적 요인인 학교 및 사회적 요인을 살펴볼 것이다.

다른 사람을 괴롭힐 것 같은 아동 또는 청소년에 대한 연구 결과

스웨덴과 노르웨이에서 연구 활동을 한 댄 올베우스는 초기 연구에서 다른 사람들을 괴롭히는 아동은 성미가 급하고 쉽게 화를 낸다고 주장했다. 이들은 폭력에 대해 긍정적인 태도를 보인다. 아마도 이들 중 일부는 가정에서 폭력을 경험한 적이 있기 때문일 수도 있다(부모나 형제 간의 폭력 또는 그들에게 당한 폭력). 하지만 올베우스는 이러한 아동이 근본적으로 자신이 없거나 자존감이 부족하다는 견해에는 이의를 제기했다.

가해 아동의 자존감에 대해서는 여러 시각이 있다. 자존감은 어떻게 측정하는지에 따라 달라질 것이다. 예를 들어 우리에게 잘 알려진 수잔 하터Susan Harter[5]의 자존감 척도는 학습 능력, 사회적 수용력, 운동 능력, 신체적 외모, 행동 수행 등 구체적 측면의 자존감뿐 아니라 전반적 자존감도 측정한다. 다른 사람을 괴롭히는 아동은 학습 능력(이들은 학교에 불만을 품고 있을 수도 있다)과 행동 수행(이들은 자신의 행동이 호의적인 평가를 받지 못한다는 것을 안다!) 부문의 점수가 낮은 반면 사회적 수용력과 운동 능력에서는 상당히 높은 점수를 받을 것이다. 이러한 아동은 이른바 '방어적 자기중심 성향'이 높다는 주장이 있다. 다시 말해 이들은 자존감이 낮은 것은 아니지만 자존감에 대한 대수롭지 않은 위협에도 화를 낸다. 이들은 성미가 급하다는 올베우스의 견해처럼 쉽게 불쾌감을 느낀다.

다른 사람을 괴롭히는 아동이 사회적 기술이 없기 때문에 그런 행동을 하는가에 대한 논의 또한 활발하게 이루어지고 있다. 이러한 아동이 다른 사람들이 보내는 신호를 잘못 해석하는 것일 수도 있기 때문에 다른 사람들의 감정을 이해하도록 도움을 주어야 하는 것일까? 그러나 전반적인 측면에서 이러한 시각을 뒷받침하는 근거는 부족하다. 이보다는 다른 사람들을 괴롭히는 아동은 '도덕적 이탈'을 보여 주는 것으로 생각된다. 타인을 해치지 않도록 저지하는 정상적 추론 과정을 일부 사람들이 어떻게 피해 가는지를 말하는 것이다. 흔히 볼 수 있는 이러한 과정은 인지 재구성(폭력을 정당화할 수 있다고 생각한다 — '피해자가 당할 만했다'), 역할 최소화('내가 시작한 것이 아니다'), 결과 왜곡 또는 무시('그냥 재미 삼아 한 장난이다'), 또는 피해자 탓하기('피해자가 먼저 시작했다') 등으로 불린다.

이와 관련하여 가해 아동은 종종 공감 능력이 낮게 나타난다. 공감 능력은 크게 '감정적 공감 능력'과 '인지적 공감 능력'의 두 가지로 구분된다. 감정적 공감 능력은 타인의 감정을 공유하거나 그에 따라 영향을 받는 것을 말하는데, 다른 사람이 슬프면 자신도 슬퍼지거나 최소한 그 사람이

애처롭게 느껴진다. 인지적 공감 능력은 반드시 감정을 공유하는 것은 아니지만 누군가의 감정 상태를 이해하는 것으로, 누군가가 슬퍼한다는 것을 알지만 그 영향으로 자신도 슬퍼지지는 않는다. 증거가 다소 혼재하지만 대부분의 연구에서는 가해 아동이 감정적 공감 능력은 낮지만 인지적 공감 능력은 낮지 않은 것으로 나타난다.

이와 비슷한 시각이 '마음 이론theory of mind' 연구에서도 나왔다. 마음 이론 개념은 다른 누군가가 자신과는 다르게 느끼거나 다르게 생각하거나 다르게 알고 있거나 다른 의견을 낼 수 있다는 사실을 이해하는 것 즉, 타인의 마음에 대한 이론이다. 마음 이론은 일종의 사회적 기술이다. 괴롭힘을 사회적 기술 부족 때문이라고 생각한다면 가해 아동이 마음 이론 능력을 평가하는 과제에서 점수가 낮게 나올 것이라고 예상할 것이다. 하지만 그렇지 않았다. 대부분의 가해 아동은 마음 이론 과제에서 수행 점수가 높았으며 일부 연구에서는 괴롭힘 주모자의 점수가 특히 높은 것으로 나타났다.[6]

여러 연구에서 이러한 결과가 나오자 많은 연구자들은 가해자가 '차가운 인지cold cognition'를 한다고 생각하게 되었다. 즉, 이들은 상황 파악을 잘하지만 피해자에 대한 감정적 공감 능력은 없는 것이다. 실제로 우수한 마음 이론 능력은 괴롭힘 주모자에게는 유용할 것이다. 이들은 어떻게 하면 피해자에게 최대한의 상처를 주어 원하는 반응을 이끌어 낼 수 있는지, 또래 집단을 최대한 자신의 편으로 만들려면 상황을 어떻게 다루어야 하는지, 어떻게 하면 어른들에게 발각되지 않는지를 알고 있을 것이다. 그렇기 때문에 마음 이론은 협력자나 강화자보다는 주모자에게 적용하는 것이 더 적절하다. 네덜란드에서 13세 청소년들을 대상으로 한 연구[7]에서 사회적 지능을 측정했다. (예를 들면 마음 이론 능력을 평가할 수 있는 '나는 다른 사람들의 행동을 예상할 수 있다'와 같은 항목이 포함되었다.) 연구 결과에 따르면 또래 지명에 의해 가해자로 지목된 학생들은 세 가지 유형으로 분류된다. 첫 번째 그룹은 인기가 있고 사회적 지능이 높다. 두 번째 그룹은 상대적으로 인기가 있고 사회 지능은 평균 수준이었다. 수적으로 가장 적은 세 번째 그룹은 인기가 없고 사회 지능은 평균보다 낮은 수준이었다. 이 연구에서는 괴롭힘의 역할에 따라 주모자, 협력자, 강화자를 구분하지 않았지만 인기 있는 가해자(아마도 주모자일 가능성이 높다)의 하위 그룹은 사회적 지능과 마음 이론 유형과 관련된 능력이 높았다.

일부 행동 유전학 연구에서는 다른 사람을 괴롭힐 가능성이 유전적 측면과 관련이 있다고 주장한다. 이를 뒷받침할 주요 증거는 1994년부터 1995년 사이 잉글랜드와 웨일스에서 태어난, 성별이 동일한 쌍둥이가 있는 1,116개 가정을 대상으로 한 연구에서 나왔다.[8] 연구자들은 일란성 쌍둥이(유전적으로 동일하다)와 이란성 쌍둥이(유전적으로 동일하지 않다)를 비교하여 쌍둥이 중 한 사람이 괴롭힘에 연관되어 있는 경우 나머지 한 사람도 연관이 되어 있는지를 살펴보았다. 일란성 쌍둥이 사이에 유사성이 더 크면 유전적 영향이 있음을 시사하고, 그렇지 않으면 환경적 영향이 주된 것임을 시사하는 것이다. 실제로 이 연구에서는 강력한 유전 가능성을 시사했다.

하지만 이러한 결과가 다른 사람들을 괴롭히는 아동이 태어날 때부터 특별히 정해져 있다는 의미는 '아니다!' 감정 조절이 어려움, 급한 성격, 충동과 흥분 추구 등 일부 특성이 괴롭힘에 연루될 위험이나 가능성을 강화할 수 있는 유전적 특징이라는 의미일 것이다. 일부 연구에서는 괴롭힘을 마키아벨리 주의Machiavellianism(다른 사람들은 신뢰할 수 없고 권모술수를 써서 이들을 조종할 수 있다고 생각한다), 정신 질환(충동적 행동, 스릴을 좇는 행동, 낮은 공감 능력, 불안), 냉담-무정서 특질(죄책감 부족, 공감 능력 부족, 자신의 이득을 위해 다른 사람들을 이용하는 무신경함)과 관련짓는데 이 모든 것이 어느 정도 유전 가능성이 있고 괴롭힘을 용이하게 만들 수 있다.

하지만 환경이 괴롭힘 행동에 영향을 미치는 것은 확실하다. 여러 연구에 따르면 부모와의 소통 부족, 가정에서의 모든 괴롭힘 행동(부모 사이에서, 부모가 아동에게, 혹은 형제자매 사이에서)은 학교에서의 괴롭힘 행동과 관련이 있다. 또한 핀란드의 학급에 관한 연구에서는 특정 학급 내 또래 집단이 괴롭힘에 찬성하는 태도를 보이면(혹은 피해자에게 부정적인 태도를 보이면) 괴롭힘이 발생할 가능성이 더 높아지고 학급에 보호자가 더 많으면 발생 가능성이 더 낮아지는 것으로 나타났다.[9]

요약하면, 괴롭힘에 연루되는 아동의 유형이 모두 동일한 것은 아니다. 하지만 이들 중 많은 아동이 충동적이고, 성격이 급하고, 쉽게 화를 내는 경향이 있다. 이들은 다른 사람의 상처에 대한 공감 능력이 부족하고 도덕적 이탈 전략을 이용하지만 다른 사람들을 이용해서 자신이 원하는 것을 얻는 데 있어서는 매우 영리하다. 가해 아동이 자신의 행동으로 인해 보상을 얻는 것일 수 있다는 인식이 점점 더 높아지고 있다. 돈이나 소지품을 갈취하는 경우도 있겠지만 주로 또래 집단 내에서 지배적인 위치를 확립 및 유지하고, 적어도 청소년기에는 (대개) 이성에게 영향력 있고 매력 있어 보이는 등의 보상을 얻는 것으로 보인다. 이는 '지배 가설dominance hypothesis'이라고 부른다. 다수의 아동이 가해 아동을 특별히 좋아하는 것은 아니지만 보통은 이들이 영향력 있고 높은 위치에 있다고 생각한다는 여러 연구 결과와 일치한다. 물론 반드시 사실이 아닐 수도 있고 어느 정도가 사실일지는 역시 학교 요인과 학교 분위기에 의해 좌우된다(다음 부분 참조).

괴롭힘을 당할 것 같은 아동 또는 청소년에 대한 연구 결과

앞서 언급했던 것처럼 댄 올베우스는 초기 연구에서 피해자가 될 위험이 있는 아동에 대한 대강의 그림을 제시했다. 폭행을 당했을 때 굴복하기 쉬우며 수줍음을 많이 타고 불안해 하고 조심스러운 아동이 피해자가 될 가능성이 높다. 이들은 친구를 사귀고 관계를 유지하고 감정을 조절하고 도발에 단호하게 대응하는 등의 사회적 기술이 다소 부족하다. 또한 대개 또래 집단 내에서 인기가 없다.

더불어 피해 아동은 자존감이 낮은 경향이 있다는 증거가 상당히 일관적으로 제시되고 있다. 실제로 피해자가 되는 것과 낮은 자존감 사이에는 이른바 '상호 작용의 모델'이 존재한다는 증거가 있다. 다시 말해서 자존감이 낮은 사람은 괴롭힘을 당할 위험이 더 높지만 동시에 괴롭힘을 당한 결과 자존감이 낮아지는 악순환이 지속된다는 의미이다.

행동 유전학 연구에 따르면 가해 아동과 마찬가지로 피해자가 되는 것 역시 어느 정도 유전적 요인이 있다. 이 경우에도 피해자가 되는 유전자가 있다고 말하기 쉽다. 하지만 유전 가능성은 아마도 내향적 성격, 사회적 기술 부족, 감정 조절 능력 부족 등과 같은 요인에 따라 작용할 것이다.

또래의 지지(혹은 지지를 받지 못하는 경우)는 큰 차이를 낳을 수 있다. 아동 또는 청소년이 다른 어떤 위험 요인에 관

련되어 있다 하더라도 좋은 친구가 몇 명만 있으면 괴롭힘
의 발생 가능성은 낮아진다. 신뢰할 만한 친구가 있는지 여
부가 중요하다. 가해 학생이 나타나면 이러한 친구들은 사
라지기보다는 곁을 지키며 지지를 보낼 것이다. 이 친구들
역시 피해자이기보다 또래 집단 내에서 상당히 높은 위치
를 차지하고 있다면 도움이 될 것이다. 이러한 결과 역시
보호자에 대한 연구에서 나온다(뒤의 내용 참조).

가족 요인 또한 피해자가 될 가능성을 예측할 수 있는
변수이다. 자녀에게 힘이 되고 자녀의 일에 관여하고 자녀
와 소통하는 부모 또는 '긍정적 양육'은 보호 요인으로 작
용하여 그러한 부모를 둔 자녀는 피해자가 될 가능성이 낮
다. 하지만 자칫 부모의 관여가 지나칠 수도 있다. 이른바
'과보호 양육'은 항상 위험 요인으로 나타난다. 과잉보호를
받는 아동은 또래 집단 내에서 문제 상황에 대한 대처 기
술을 제대로 발전시킬 수 있는 충분한 기회가 없다. 이러한
사실은 그리스 아동을 대상으로 한 포커스 그룹 인터뷰에
서 청소년기 여아의 이야기에 잘 나타나 있다.[10] "아시겠지
만 과잉보호를 받으면 혼자 남겨졌을 때 스스로 바로 설
수가 없어요."

하지만 주로 심리학자와 행동 유전학자에 의해 수행되는 피해자 특성에 관한 이러한 연구는 다소 편파적인 그림을 제시할 수도 있다. 특히 괴롭힘의 정의를 어떻게 내리는 지에 따라 달라진다(1장 표 1.1 참조). 단크마이어의 정의는 '개인적, 사회적 또는 문화적 이유로 자신을 방어하기 어려울 때'라는 문구를 포함한다. 개인적 이유는 앞에서 언급한 바와 같이 자존감이 낮으면 자신을 방어하기 더 힘들어지는 경우 등이다. 하지만 사회적 또는 문화적 이유는 이른바 '선입관에 의한 괴롭힘' 또는 '편견에 근거한 괴롭힘'도 발생할 수 있음을 명확히 보여 준다. 이런 경우 누군가 피해자가 될 위험에 처하게 되는 이유는 어떠한 개인적 특성 때문이 아니라 단순히 세력이 약한 다른 집단(학교, 지역 사회 또는 더 넓은 사회)에 속해 있기 때문이다.

영국의 평등과 인권 위원회Equality and Human Rights Commission는 차별이 발생해서는 안 되는 아홉 가지 '보호받아야 할 특성'을 제시했다. 그중 한 가지 특성(결혼 및 동성 간 인정된 혼인 관계)은 학령기 아동에게는 해당되지 않을 것이고, 또 다른 한 가지 특성(임신부와 어머니)은 드물게 해당될 것이다. 하지만 다른 일곱 가지 특성, 즉 연령, 성별, 성적 지향, 성전환, 인종, 종교나 신념, 장애는 아동과 관련이 있다.

이러한 특성이 지니는 중요성은 상황에 따라 다양하게 나타날 것이다. 예를 들어 인종과 관련한 괴롭힘은 올베우스가 초기 연구를 수행하던 1970년대에 노르웨이나 스웨덴에서는 큰 문제가 되지 않았을 것이다. 당시 이들 국가는 지금보다 단일 민족에 훨씬 더 가까웠기 때문이다. 반면 현재 유럽 여러 국가의 많은 학교는 학생들의 인종 구성이 다양하다. 이와 관련하여 2장에서 인용한 포커스 그룹 인터뷰는 이슬람교 학생이 많은 영국의 한 학교가 직면한 문제를 잘 보여 준다.

영국의 괴롭힘 반대 연합Anti-Bullying Alliance은 성적인 요소를 포함한 모든 괴롭힘 행동을 성적 괴롭힘으로 규정한다.[11] 여기에는 성적 조롱과 협박 또는 부적절하고 원치 않는 신체적 접촉 등의 성희롱이 포함될 것이다. 성적 지향과 관련한 괴롭힘 또한 포함될 것이다. 이는 뚜렷한 위험 요소이다. 레즈비언, 게이, 양성애자, 성전환자인 것 또는 자신의 성적 지향에 의문을 품거나 성적 지향에 있어 다르게 인식되는 것 등은 계속해서 괴롭힘을 당할 수 있는 위험을 증가시키는 것으로 나타난다. 특히 게이이거나 게이라고 생각되는 청소년기 남아가 이러한 위험에 가장 많이 노출된다.

영국의 성 소수자 인권 단체인 스톤월Stonewall은 활발한 캠페인을 통해 동성애 공포증, 양성애 공포증, 성전환 공포증과 관련한 문제에 대한 인식을 높이고 그 심각성을 평가해 오고 있다.[12] 한 15세 청소년은 이렇게 말했다.

> 학창 시절 내내 괴롭힘을 당했어요. 그렇지만 5년 전에 게이라고 밝히고, 2년 전에 트랜스젠더라는 걸 얘기하고 나니까 괴롭힘이 더 심해졌어요. 사람들이 저를 '남자—여자', '트래니' 그 밖에도 트랜스젠더를 혐오하는 비속어로 불렀어요. 그리고 '레자', '페그' 같이 동성애자를 혐오하는 욕을 저한테 했어요.

스톤월이 표본 조사 대상으로 삼은 3,713명의 성 소수자 학생들이 전체를 대표할 수는 없지만, 이들 중 45%는 자신의 성적 지향 때문에 괴롭힘을 당했다고 말했다(성전환 학생의 경우 64%). 2017년 보고에서 밝혀진 한 가지 긍정

적인 사실은 45%라는 피해자 비율이 2012년(55%)과 2007
년(65%)에 비해 낮아진 수치라는 것이다.

장애는 괴롭힘을 당하는 또 다른 주요 위험 요인이다.
말을 더듬거나 듣지 못하거나 동작이 자유롭지 못한 것 등
장애 학생이 가진 몇몇 특성 때문에 이들은 괴롭힘을 즐기
는 다른 아동에게 쉬운 표적이 된다. 하지만 장애가 있는
모든 사람들에 대한 일반 대중의 선입견 또한 존재한다. 장
애 아동은 특히 주류 교육을 받을 경우 친구가 적고 또래
집단 내에서 높은 사회적 위치를 차지하는 데 어려움을 겪
기 때문에 두 가지 보호 요인이 줄어들게 된다. 다른 개인
적 특성들, 예를 들어 과체중 같은 것은 장애로 분류되지는
않지만 장애와 마찬가지로 괴롭힘을 당할 위험을 증가시
킬 수 있다.

가해-피해자에 대한 연구 결과

가해-피해자는 가해자 및 피해자 위험군 양쪽에 모두 속
한다. 이러한 집단을 규정하는 데 어떤 기준을 사용하는지

에 따라 많은 것이 달라질 수 있다. 2장에서 보았듯이 그러한 기준에 따라 괴롭힘 발생 비율에 대한 질적 연구(설문지 중심이건 지명 중심이건) 결과가 상당한 차이를 보인다. 매우 관대한, 즉 포괄적인 기준(다른 사람을 괴롭힌 적이 있나요? 괴롭힘을 당한 적이 있나요?)을 적용하면 가해자와 피해자의 비율이 클 것이기 때문에 가해-피해자의 비율도 커질 것이다. 나 또한 이 기준에 따르면 가해-피해자에 해당된다! 하지만 이보다 좀 더 엄격한 일반적 기준(예를 들어 지난 학기에 여러 번 괴롭힘에 연루된 적이 있는지 여부 등)을 적용한다고 생각해 보자. 그러면 가해자와 피해자의 비율이 작아지고 그에 따라 가해-피해자 비율도 훨씬 작아져서 약 1% 또는 2%대까지 급격히 줄어든다.

이 소수의 아동은 가해자와 피해자가 보이는 바람직하지 않은 성향을 모두 지닐 수 있다. 그들은 공격적이거나 파괴적이면서 동시에 사회적 기술이 부족하고 자존감이 낮고 또래 집단 내에서 인기가 없을 수 있다. 앞서 언급한 행동 유전학 연구에서는 가해-피해자 상황에 연루되는 것이 유전과 상당한 관련이 있다는 사실을 발견하고 '감정 조절 장애'라는 공통 요소로 인한 것이라는 의견을 제시했다.

감정 조절 장애란 다양한 상황에 맞게 자신의 감정을 적절히 조절하는 데 어려움을 겪는 것을 말한다. 감정 조절 장애는 유전적 성향이 높은 것으로 밝혀졌으며 또한 환경적 원인에 기인한 것일 수도 있다. 가족을 대상으로 수행한 다수의 연구 결과에 따르면 가해-피해자는 가정 내에서 방치 또는 학대를 경험했을 확률이 특히 더 높은 것으로 나타났다.[13] 나를 사랑해 주어야 할 부모가 때때로 방치나 학대 행위를 한다면 이러한 환경에서 자란 아동에게는 일반적으로 감정을 조절하고 관계를 적절히 조율하는 일이 어려울 수 있다.

보호자와 방관자에 대한 연구 결과

———

대다수의 아동 또는 청소년은 괴롭힘에 자주 연루되지 않는다(가해자로든 피해자로든). 뿐만 아니라 괴롭힘에 대한 태도를 다룬 대부분의 연구에 따르면 일부 가해자가 영향력이 있다고 여겨지고 일부 피해자는 인기가 없음에도 불구하고 대부분은 괴롭힘을 싫어한다. 하지만 이 '침묵하는 다수'가 실제로 피해자를 돕기 위해 어떤 일을 하는지(보호자) 아니면 아무런 적극적 역할을 하지 않고 그에 따라 암묵적으로 괴롭힘을 용납하는지(방관자)에 따라 가해자와 피해자에게는 큰 차이가 난다.

감정적 공감 능력은 보호자들이 지닌 두드러진 특징이라고 생각될 것이다. 어느 정도는 맞는 말이다. 보호자는 감정적 공감 능력 점수가 높은 경향을 보인다. 하지만 다른 요인들 역시 매우 중요하다. 즉, 피해자를 보호하는 데 있어 자기 효능감(어떤 일을 해야 하는지를 알고, 할 수 있다는 자신감이 있는가)과 또래 집단 내에서 높은 사회적 위치(호감도가 높다)가 중요하다. 타당한 주장이다. 피해자를 보호하기 위해 잠재적 보호자는 자신이 그럴 만한 기술(예를 들어 불필요하게 적대감을 불러일으키지 않으면서 자신이 피해자를 도울 거라고 가해자에게 어떻게 말할지 등)이 있다는 자신감이 있어야 한다. 또한, 가해자가 보호자를 공격할 위험이 있지만 보호자가 인기 있고 필요할 때 도움을 청할 친구들이 있으면 그럴 위험은 줄어든다.

연령과 성별

연령과 성별 모두 괴롭힘에 연루될 수 있는 위험 요소이다. 주요 연구에서 알 수 있듯이 적어도 연령에 관한 한 일반적으로 연령이 높아지면서 피해자 비율이 감소하는 반면 가해자 비율은 감소하지 않는다. (변동이 없다.) 또한 물리적 괴롭힘은 연령이 높아짐에 따라 감소 추세를 보이지만 보다 교묘하고 간접적이고 관계적인 형태의 괴롭힘은 아동기와 청소년기 전반에 걸쳐 증가하는 것으로 밝혀졌다.

왜 피해자 비율은 연령이 높아짐에 따라 감소할까? 여러 원인이 있는 것으로 보이는데, 그중 하나는 연령이 높은 아동은 '괴롭힘'이 무엇을 의미하는지 잘 알고 있기 때문이다. 예를 들어 단순히 싸우고 나서 괴롭힘을 당했다고 말할 확률이 어린 아동에 비해 낮다. 물론 이는 연령에 따른 감소가 실제 감소는 아니라는 의미가 될 수 있다(객관적인 외부 관찰자의 입장에서 보면). 하지만 많은 아동이 때때로 놀림이나 폭행을 당하면서 보다 효과적인 대응 기술을 개발하기 때문에 실제로 피해자 비율이 연령이 높아지면서 감소할 수 있다. 괴롭힘을 즐기는 아동은 쉬운 표적, 즉 더 취약한 아동을 찾는 것으로 생각된다. 연령대가 높은 집단에서는 피해자 수가 아마도 더 적을 것이지만 어떤 측면에서 보면 그러한 높은 연령의 피해자들은 효과적 대응 방법을 학습하지 못했기 때문에 더 심각한 피해를 당할 것이다. 뿐만 아니라 학교 내에서 고학년 아동은 상대적으로 체격이 더 크고 힘이 더 세기 때문에 괴롭힘을 당할 확률이 적다. 자신보다 저학년인 아동에게 괴롭힘을 당하는 것은 드문 일이다. 여러 연구 결과에 따르면 일반적으로 연령 증가에 따라 피해자 비율이 감소함에도 불구하고 진학할 때 피해자 비율이 급증할 수 있다. 이 시기에 신입생들은 학교에서 가장 어린 나이이고 보통은 다소 익숙하지 않은 또래 집단에 속하게 되며 그 안에서 지위를 새롭게 확립해야 한다.

성별에 따른 차이는 변화한다는 점에서 흥미롭다. 성별에 따른 차이는 괴롭힘의 유형에 따라 크게 달라진다. 남아가 괴롭힘 가해자인 경우가 많으며 이 경우는 대부분 물리적 괴롭힘이다. 이는 대부분 남아가 신체적으로 여아보다 강하기 때문에 놀라운 일이 아니다. 또한 남아의 또래 집단에서는 물리적 힘이 중요하며 따라서 가해 남아가 피해 남아를 물리적으로 공격하고 창피를 주는 것은 또래 집단 내

지위를 결정할 때 상당한 효과를 발휘한다. 나쁜 소문을 퍼뜨리는 등의 언어적 괴롭힘과 관계적 괴롭힘에서는 성별에 따른 차이가 덜 하다. 평판(예를 들어 믿을만 하다거나 성적으로 문란하지 않다는 등)이 여아의 또래 집단에서는 더 중요하기 때문에 가해 여아는 이러한 방법을 더 선호한다. 이는 사이버 괴롭힘의 경우도 마찬가지이다. 대부분의 괴롭힘은 소셜 네트워크 사이트를 통해 이루어지며 평판에 대한 공격이나 비방이 포함된다. 여아는 이런 식의 가해 행동에 가담하는 경향이 높다. 반면 온라인 게임의 경우 남아가 더 흥미를 느끼기 때문에 이러한 맥락에서는 남아가 사이버 괴롭힘에 연루될 확률이 더 높다.

전반적으로, 남아는 괴롭힘 피해자가 될 가능성 역시 높지만 피해 규모에 있어서는 성별에 따른 차이가 훨씬 작다. 일반적 괴롭힘의 피해자인 경우 이러한 결과가 상당히 지속적으로 나타난다. 하지만 사이버 괴롭힘 피해자의 경우 적어도 일부 조사에서는 반대의 결과를 보인다. 마지막으로, 대부분의 연구에서 여아가 보호자인 경우가 더 많은 것으로 밝혀졌다. 또래 지원 계획(6장에서 다룬다)과 관련하여 대개 여아가 남아에 비해 또래 지원자 역할을 자발적으로 수행한다는 사실이 쟁점이 되고 있다. 이는 여아가 공감 능력이 더 뛰어나기 때문인 것으로 보인다. 물론 앞서 언급한 바와 같이 공감 능력만으로는 효과적인 보호자가 되기에 충분하지 않다.

학교 요인

비슷한 지역 내에서도 학교별로 괴롭힘의 정도는 상당한 차이를 보일 수 있다. 학교 내 각 학급이 괴롭힘에 어떤 태도를 취하는지, 괴롭힘이 발생했을 때 학급 또는 담임 교사가 괴롭힘에 관심을 기울이는지, 실제로 효과적인 조치를 취하는지 등 각 학급의 역할이 중요할 것이다. 하지만 학교 전체의 역할 역시 중요하다. 6장에서 논의된 사례처럼 학교 전체의 개입을 통해 괴롭힘을 줄이는 데 성공을 거두고 있기 때문이다. 완전한 성공은 아니더라도 주목할 만한 효과를 확실히 내고 있다. 이 사례에서는 전반적인 학교 분위기가 따뜻하고 지원을 아끼지 않으며 학생 간에, 학생과 교사 간에 서로를 존중하는 관계가 형성되었던 것이 중요한 요인으로 보인다. 미국의 듀이 코넬Dewey Cornell 및 동료들은 권위 있는 학교 분위기가 중요하다고 강조했다.[14] 연구팀은 체계적이면서 동시에 의지할 수 있는 학교가 안전하고 제 역할을 하는 학교라고 생각한다. 규율과 학습에 있어 학생들에 대한 기대치가 높을 때 체계화가 가능하다. 교사와 다른 교직원들은 엄격하면서도 공정하게 규율을 적용해야 한다. 교사와 학생 사이에 관심을 갖고 즉각적으로 대응하는 관계가 확립되어야만 의지할 수 있는 분위기가 확립된다. 이를 위해 교사와 다른 교직원들은 학생들을 존중하고, 배려하고, 도와주려는 태도로 학생들과 소통해야 한다.

사회 요인

2장에서 살펴보았듯이 각 국가의 괴롭힘 발생률은 서로 차이를 보인다. 다만 국가 간 비교를 통해 어느 국가의 성적이 가장 우수하고 가장 저조한지를 조사한 여러 결과는 그다지 일치하지 않는다. 이제 우리는 생태학적 모델(그림 3.1)의 거시 체계에 대해 살펴볼 것이다.

국가별로 이러한 차이를 보이는 이유에 대해서는 이제 막 연구가 시작되는 단계이다. EU 키즈 온라인 프로젝트에서 이에 대한 유용한 연구 체계를 제안했다(2장 참조). 이 모델에도 생태학적 모델의 핵심층(개인, 부모/가족, 또래, 학교)이 포함되어 있지만 이 모델에서는 바깥쪽 원인 거시 체계에 특히 주목한다. 이들이 '분석 단위로서의 국가'라고 명명한 이 거시 체계에는 다섯 가지 측면이 있다.

첫 번째는 '문화적 가치'로, 사회 내부의 일반적 태도와 사고방식 등의 측면을 말한다. 한 가지 잘 알려진 것이 바로 개인주의와 전체주의에 대한 대결 관점이다. 개인주의란 유대 관계가 느슨한 사회를 말하며 그 안에서는 개인이 자기 자신과 가까운 가족을 보살펴야 한다. 반면 전체주의에서는 사람들이 태어나면서부터 강력하고 응집력 있는 내집단에 점차 통합된다. 내집단은 충성의 대가로 개인을 보호한다. 개인주의 사회인지 혹은 전체주의 사회인지가 괴롭힘의 정도(입증된 사실은 아니지만 전체주의 사회에서는 정도가 약하다)와 괴롭힘의 유형(전체주의 사회에서는 집단에 소속되는 것이 중요하므로 물리적 괴롭힘은 더 적고 관계적 괴롭힘은 더 많다)에 영향을 줄 수 있다는 가설이 제기되었다. 이와 관런된 또 한 가지 관점은 권력 거리이다. 이는 (예를 들어 학교에서) 상대적으로 권력이 약한 구성원이 권력이 불공평하게 분배된다는 사실을 예상하고, 수용하는 정도를 가리킨다. 이 경우에 보통 연장자가 더 존중된다. 이러한 관점은 일반적으로 용납할 수 있는 규범적 행동과 비교하여 어떤 행동이 괴롭힘으로 여겨지는지에 실제로 영향을 미칠 것이다. 세 번째 흥미로운 관점은 남성성과 여성성에 관한 것이다. 남성성이 더 강한 사회는 성별에 따른 역할의 구분이 뚜렷하다. (남녀 역할이 겹치는 부분이 적다.) 남성은 더 적극적이고 강인하고 물질적 성공에 집중하는 반면 여성은 더 얌전하고 상냥하다. 이러한 관점은 성별에 따른 차이와 성희롱에 분명히 영향을 미칠 것이다. 이러한 주장에 대해서는 후속 연구가 더 필요하다.

　두 번째 측면은 '교육 체계'이다. 이는 학교 교육이 어떻게 구성되는지를 뜻한다. 교육 체계에는 상급 학교 진학 연령, 학급 구성, 학교 및 학급 규모, 수업 구성, 쉬는 시간 및 감독, 유급 등이 포함된다. 한 가지 예로 유급(성적이 저조해서 진급하지 못하고 한 학년을 반복해야 한다)은 정도가 심한 괴롭힘과 관련이 있다. 유급으로 같은 학년에 그대로 남게 되는 학생은 억울함을 느낄 것이고 게다가 이제는 대부분 더 어리고 따라서 더 취약한 학생들과 한 학급에 있게 되는 것이다.

거시 체계의 세 번째 측면으로 '기술적 기반'을 들 수 있다. EU 키즈 온라인의 연구에 따르면 기술 기반은 주로 휴대 전화, 스마트폰, 인터넷 보급률을 말한다. 이러한 기술적 기반은 사이버 괴롭힘이 발생할 확률에 명백히 영향을 미친다. 하지만 텔레비전, 영화, 컴퓨터 게임 같은 다른 대중 매체는 국가마다 다양하며, 특히 대중 매체에서 폭력이 허용되는 수준 등도 다양하다. 영향을 미치는 범위에 대해서 다소 논란이 있기는 하지만 대부분의 연구에서는 폭력적인 미디어에 노출되는 것이 공격성 증가와 연관이 있으며 일부 연구에서는 괴롭힘과도 연관이 있다고 주장한다.

네 번째는 '규제 체계'가 어떻게 구성되어 있는가이다. 이는 사회 차원에서 괴롭힘을 줄이기 위해 실행되고 있는 조치를 말한다. 괴롭힘 방지법, 학교에서 괴롭힘 방지 정책을 의무적으로 시행하도록 하거나 괴롭힘 사건을 기록하게 하는 규정, 국가 차원의 괴롭힘 방지 자원 또는 계획 등이 포함된다. 미국의 일부 연구는 학교 내 괴롭힘 방지 법

안의 도입 효과(6장 참조)를 시사했으며 핀란드에서는 괴롭힘 방지 프로그램인 키바KiVA를 시행하여 지난 10년간 괴롭힘의 정도가 줄어든 것으로 보인다(7장 참조).

다섯 번째는 '사회-경제적 계층화'다. 주로 국가가 얼마나 부유한지, 소득 격차가 어느 정도인지를 말한다. 건강과 기대 수명 등 관련 사항도 조사 대상이다. 몇몇 연구에서는 예를 들어 국내 총생산GDP을 기준으로 측정한 국가의 부富는 가해자 또는 피해자 비율과 음의 상관관계에 있는 예측 변수(부유한 국가일수록 비율이 낮아진다)라고 결론지었다. 그 이유는 가난한 국가일수록 예를 들어 괴롭힘 방지 교육 및 재원에 투자할 수 있는 여력이 없기 때문일 것이다. 지니 계수Gini coefficient(소득 분배 지표) 등을 기준으로 측정한 소득 불평등 역시 강한 연관 관계가 있는 것으로 나타났다. 아마도 소득 격차가 큰 사회에서는 억울함과 좌절감 같은 감정이 더 심하기 때문에 폭력과 괴롭힘 행동이 더 용인되는 것으로 보인다.

04
학교 폭력의 영향과 결과

괴롭힘에 대한 태도는 최근 몇 년 사이 바뀌었다. 얼마 전까지만 해도 성장하면서 자연스럽게 겪는 부분이기 때문에 그저 대응하는 법을 배워야 하는 것이라는 이야기를 상당히 흔하게 들을 수 있었다. 이제 이러한 시각이 전처럼 흔하지는 않지만 완전히 사라진 것은 아니다. 실제로 영국의 원격 대학인 오픈 유니버시티Open University의 헬렌 굴드버그Helene Guldberg는 2009년 이에 대한 논쟁을 불러일으켰다. '안됐지만 괴롭힘을 당하는 것이 아이들에게 좋을 수 있다'[1]라는 제목의 기사에서 굴드버그는 이렇게 말했다.

괴롭힘을 뿌리 뽑는 것, 괴롭힘을 금지하는 것, 괴롭힘에 대한 무관용은…… 욕설부터 몸싸움에 이르기까지 학교 운동장에서 겪을 수 있는 모든 불쾌한 경험에서 학생들을 보호하려는 취지이며 상상할 수 있는 모든 위험에서 아이들을 보호하려는 현대 사회의 집착을 반영한다. ……하지만 실제로는 아이들이 인생에서 배워야 할 가장 소중한 교훈을 얻을 수 있는 기회를 박탈하는 것이다. ……실제 괴롭힘 피해자의 비극적인 이야기를 무시하려는 것이 아니라 바로 그 비극 때문에 나는 괴롭힘 방지라는 시류에 편승하여 상황을 흐리는 일을 중단해야 한다고 생각한다. ……괴롭힘의 장기적 결과에 대한 오늘날의 집착으로 인해 아이들은 어른의 세계에서 존재하고 경쟁하는 데 필요한 사회적 기술이나 강인함이 없이 자라고 있다. 내가 보기에 그것이 어떠한 싸움이나 욕설보다 아이들의 발달과 관계에 훨씬 더 해로운 것 같다.

아직도 일부는 괴롭힘이 현실 생활에서 사람들을 더 강인하게 만든다는 생각을 꽤나 굳건하게 지니고 있는데 이에 대해서는 심각하게 생각해 볼 필요가 있다. 굴드버그의 주장이 완전히 틀린 것만은 아니라고 생각한다. 특히 대등한 아이들 간에 이따금씩 벌어지는 싸움이나 욕설에 대해서까지 너무 지나친 걱정을 하는 것일 수도 있다. 도발에 대응하면서 발전하는 기술도 분명히 있고 그러한 기술을 발전시키는 것은 바람직한 일이다.

굴드버그의 주장에서 놓치고 있는 것은 괴롭힘이 대등한 아이들 간의 문제가 아니라는 사실이다. 괴롭힘에 대한 거의 대부분의 정의에서 분명히 밝히고 있는 것은(표 1.1) 괴롭힘이 힘의 불균형과 관련이 있다는 것이다. 대등한 또래들 간에 종종 벌어지는 몸싸움이나 말다툼은 괴롭힘에 포함되지 않는다. 괴롭힘의 피해자는 자기 자신을 방어하기 힘들다. 이러한 어려움을 겪는 이유는 자신감 부족, 신체적 힘의 부족, 자신을 지지해 줄 친구의 부족과 수적 열세 때문일 수도 있고 혹은 성별, 성적 지향, 인종과 민족성, 종교 또는 장애로 인한 편견과 관련된 것일 수도 있다. 경우에 따라 괴롭힘 피해자는 극심하고 장기적인 발달상의 손상을 입을 수도 있다. 이 책의 시작 부분에서 이야기한 두 사례를 통해서도 이러한 피해를 알 수 있다. 책의 후반부에서 살펴볼 상당히 많은 연구에서도 이러한 주장을 뒷받침하고 있다. 하지만 그보다 앞서 아동과 청소년은 스스로 괴롭힘에 대응할 수 있을까? 실제로 이들은 어떤 전략을 사용할까? 그리고 가장 효과적인 전략은 무엇일까?

스스로 대응하기

누군가 나를 밀치거나, 욕을 하거나 나에 대한 나쁜 소문을 퍼뜨린다고 가정해 보자. 이런 일이 한 번에 그칠 수도 있고 아니면 앞으로 계속 되풀이될 상황의 시작일 수도 있다. 실제로 어떻게 반응하는지 또는 대응하는지가 이러한 도발이 지속되고 괴롭힘으로 굳어지는 데 큰 영향을 미칠 수 있다. 결국 괴롭힘의 가해자는 대개 자신에게 보상이 돌아오고 실질적으로 자신의 위치를 위협하지 않는 약한 목표물을 찾는다.

이러한 상황에 효과적으로 대응할 방법을 찾을 수 있을지도 모른다. 자신감이 있고 좋은 친구들이 있다면 단호하게 상대방의 행동에 이의를 제기하고, 이런 행동이 싫다고 말하고, 그만두지 않으면 어른들에게 말할 것이라고 분명히 밝힐 수 있을 것이다. 또는 강력히 맞서 싸울 수도 있다. 교사들은 맞서 싸우는 것을 권하지 않지만 여러 사람들의 말에 따르면 맞서 싸움으로써 괴롭힘이 멈추고 성가신 일이 사라졌다고 한다. 일부 경우에는 효과가 있을 수 있다.

하지만 자신감이 별로 없고 신체적으로도 강하지 않고 내 편이 되어 줄 좋은 친구들이 많이 (또는 전혀) 없다고 가정해 보자. 단호한 대응을 시도하기 어려울 수 있고 자신감 있게 대응하지 않는다면 오히려 역효과가 날 수 있다. 뿐만 아니라 맞서 싸우는 것은 위험한 선택이 될 수도 있고 이전보다 상황을 더 악화시킬 수도 있다. 어떤 전략을 사용해야 할까? 학생들에게 질문하면 흔히 사용하는 전략으로 내면화 전략(속상해 하기, 울기 등), 거리 두기(무시하기, 가해자 피하기), 외면화 전략(반격 등), 문제 해결(자신의 행동 변화시키기, 친구들과 함께 있기) 또는 도움을 구하거나 의지할 곳 찾기 등을 꼽았다. 대응 전략에 있어서는 성별에 따른 차이가 있었다. 여아는 친구들 또는 어른들에게 도움을 요청하는 경우가 많은 반면 남아는 보통 맞서 싸운다고 말했다.

괴롭힘 방지에 관한 여러 자료 및 웹 사이트에서는 대개 교사나 부모 등 어른에게 말하라고 조언한다. 어느 정도까지 말하는지, 누구에게 말하는지는 다양한 상황에 따라 크게 차이가 나는 것으로 보인다. 일관되게 나타나는 조사 결과를 보면 남아뿐 아니라 고학년 학생들 사이에서는 교사에게 말하는 비율이 더 낮다. 대개 고학년 남아는 어른에게 말을 해서 도움을 구하는 것을 나약함의 표시처럼 여기는 것으로 보인다.

　의지할 곳을 찾는 것이 좋은 전략이라는 증거가 있다. 잉글랜드의 한 학교에 재학 중인 13~16세 학생들을 대상으로 한 연구[2]에 따르면 가장 자주 사용하는 다섯 가지 대응 전략은 누군가에게 말하기, 그다음은 무시하기, 스스로 맞서기, 가해자 피하기, 더 많은/다양한 친구 사귀기 순으로 나타났다. 연구자들은 피해자가 취하는 전략이 2년 후에도 여전히 괴롭힘을 당하고 있을지에 대한 예측 변수가 되는지를 조사했다. 괴롭힘에서 벗어난 학생들은 누군가에게 말한 비율이(67%) 여전히 괴롭힘을 당하는 학생들에 비해(46%) 더 높았다.

　이른바 회고적 보고라고 하는 상당히 다른 방법을 이용한 스웨덴의 또 다른 연구[3]에서도 도움을 요청하는 것이 좋은 전략이라고 제안했다. 연구자들은 학창 시절에 괴롭힘을 당했던 경험이 있는 18세 대학생들을 대상으로 어떻게 괴롭힘을 중단시킬 수 있었는지를(만약 중단시켰다면) 물어보았다. 가장 많은 대답이 교사의 도움(25%)이었고, 그 다음으로는 새로운 학교로 진학(23%), 대응 전략 변경(20%), 부모의 도움(12%), 외모나 생활 방식 변화(12%), 학교나 학급 변경(11%), 새로운 친구 사귀기(11%) 순이었다. 이 표본 조사에 따르면 학생들이 생각할 때 맞서 싸우는 것이 성공적인 전략은 아니었던 것으로 보인다.

교사에게 말해서 좋은 결과를 얻을지 여부는 학교 상황에 따라 다를 것이고, 교사의 지속적이고 실질적인 대응이 반드시 필요하다. 어떻게 대응하는 것이 가장 좋은지에 대해 영국과 일본 학생들의 생각을 비교한 흥미로운 연구[4] 결과가 있다. 이에 따르면 대부분의 영국 학생들은 피해자가 다른 사람들(교사, 부모, 친구)에게 도움을 요청해야 한다고 제안한 반면, 이렇게 제안한 일본 학생들의 수는 더 적었다. 일본 학생들은 다른 사람들에게 도움을 요청하는 일을 꺼리는 것으로 보였다. 그보다는 가해자에 대항하여 직접적인 행동을 취하는 것이 더 유용한 대응 전략이라고 생각하는 것으로 나타났다. 많은 일본 학생들은 교사나 부모에게 말하는 것이 사태를 더 악화시킬 수 있다고 생각했고 말을 하더라도 친구에게만 털어놓으려고 했다. 이렇게 두 나라가 차이를 보이는 이유는 영국에서 1994년 국가 괴롭힘 방지 종합 대책 '혼자 괴로워하지 말아요Don't Suffer in Silence'가 처음 공표된 이후 약 25년 동안 도움을 요청하는 문화를 권장해 왔기 때문일 것이다. 일본에서는 이러한 국가적 차원의 접근을 그다지 강조하지 않았다(6장 참조).

'사이버 괴롭힘에 대응'하기 위해서는 다소 다른 방식의 전략이 필요할 것이다. 한 가지 독특한 추천 사항은 향후에 증거로 사용할 수 있도록 경멸적인 내용이 담긴 모든 자료를 스크린 샷으로 저장하라는 것이다. 또한 학생들은 메시지 차단, 이메일 주소 변경, 휴대 전화 번호 변경 등을 시도해 볼 수 있겠지만 이는 단기적인 해결책에 가까울 것이다. 일반적인 괴롭힘의 경우와 마찬가지로 문제 해결 전략, 도움 및 지원 요청이 더 나은 접근 방법일 것이다. 하지만 맞서 싸우는 것과 같은 대응은 사태를 악화시킬 수 있다. 미국의 한 연구에서는 인터뷰를 통해 12~14세 학생들이 사용하는 대응 전략에 대한 자료를 수집했다.[5] 다음은 문제 해결 전략의 한 예이다. "그 사람에게 직접 연락해서 맞섰어요. 불쾌한 글을 지워 달라고 했어요"라고 한 13세 여아가 있었고, "친구들과 가족들에게 얘기를 하고 도와줄 수 있는지 물어봤어요"라며 도움을 요청한 13세 여아도 있었다. 무시하는 전략은 가끔 효과를 발휘하기도 하는데, 이 전략에 대해 13세 남아는 이렇게 말했다. "그 사람을 무시했어요, 학교에서 피해 다니다가 그냥 사이트를 탈퇴했어요." 문제가 되는 전략은 공격적으로 앙갚음하는 것이다. 현재 상황을 지속시키고 실제로 더 악화시킬 수 있기 때문이다. 한 예로 14세 남아는 이렇게 말했다. "너무 화가 나서 인터넷 토론방에 들어가서 모든 사람들을 화나게 하는 글을 올리기 시작했어요. 그 녀석 친구들에게 메시지를 보내서 그 애가 너네 얘기 하고 다닌다고 말했어요." 이 사례는 사이버 괴롭힘 가해자/피해자의 행동 양상을 보여 준다.

포르투갈의 한 연구[6]에서는 주로 11~16세 학생들을 대상으로 사이버 괴롭힘 피해자들이 누구에게 도움을 요청하는지 조사했다. 그 결과 표 4.1에서 보듯이 친구들에게 가장 많이 얘기를 했고 그다음이 부모였다. 교사에게 얘기하는 경우는 가장 드물었다. 이렇게 교사에게 말할 가능성이 낮은 것은 특히 사이버 괴롭힘 피해자가 보이는 전형적 행동 양상이다. 여러 연구에 따르면 일반적 괴롭힘 피해자들에 비해 사이버 괴롭힘 피해자들이 교사에게 말하는 빈도(친구, 부모, 혹은 형제자매에게 말하는 빈도에 비해)는 상당히 낮았다. 학생들이 보기에 많은 교사들이 사이버 괴롭힘을 해결할 만한 준비가 충분히 되어 있지 않기 때문일 것이다. 반면 지난 10여 년간 일반적 괴롭힘에 대처하는 방법은 개선되었다(6장 참조). 인터넷과 소셜 네트워크에 익숙한 젊은 세대의 교사가 학교에 유입되었기 때문에 이러한 상황은 바뀔 것이다. 학교 차원에서도 신뢰와 책임감 있는 분위기를 강화함으로써 도움을 줄 수 있다(5장 참조). 실제로 포르투갈의 연구에서는 학교 분위기를 긍정적으로 인식하고 있는 사이버 괴롭힘 피해자들의 경우 교사에게 말할 가능성이 더 높게 나왔다.

표 4.1에서 분명히 보여 주듯 전형적으로 나타나는 또 다른 연구 결과는 친구, 부모, 교사에 상관없이 여아가 남아보다 도움을 요청할 확률이 더 높다는 것이다.

일반적으로 도움 요청이 유용한 전략으로 밝혀지고 있기 때문에 남아가 상대적으로 도움 요청을 꺼리는 상황은 우려되는 일이다. 이러한 경향은 앞서 일반적 괴롭힘의 경

표 4.1 포르투갈의 사이버 괴롭힘 피해자가 친구, 부모, 교사에게 피해 사실에 대해 말할 가능성(응답 평균: 1=말하지 않았다, 2=말했다)

	피해 남아	피해 여아	전체
친구	1.24	1.42	1.37
부모	1.15	1.33	1.28
교사	1.04	1.13	1.10

우에서도 언급했었고 사이버 괴롭힘의 경우에서도 찾아볼 수 있다. 예를 들어 스위스의 12개 학교를 대상으로 한 종단 연구[7]에서는 일반적 괴롭힘과 사이버 괴롭힘과 관련하여 13세 학생의 우울증 및 대응 전략을 조사했는데, 도움을 요청하는 경우 시간이 지날수록 우울증이 감소하는 것으로 나타났다.

괴롭힘의 피해

괴롭힘 피해 경험이 초래하는 확고한 결과들이 존재한다. 이는 단기적 결과일 수도 있고(즉각적으로 혹은 최소한 재학 중에) 장기적 결과일 수도 있다(어른이 되어서도 지속). 괴롭힘 가해자와 가해-피해자에게 미치는 영향도 있다. 이 두 부류는 각각 분리해서 생각해야 한다. 이 세 역할(피해자, 가해자, 가해-피해자)에 대한 보고서[8]에서는 '아동기에 당한 괴롭힘은 건강에 심각한 영향을 미치며 당사자, 가족, 사회 전체에 상당한 손실을 가져온다', '또래에 의한 괴롭힘에 대해서는 건강 전문가들이 거의 주의를 기울이지 않지만 중요한 위험 요인이자 안전장치가 필요한 문제로 인식해야 한다'는 결론을 내렸다. 실제로 장기간 괴롭힘으로 인한 부정적 영향은 어린 나이에 보호 시설에 맡겨지는 것에 견줄 만하다!

피해자에게 미치는 단기적 영향

괴롭힘을 당해 본 사람은 누구나 이러한 경험이 불안과 우울, 외로움, 자부심이나 자존감 부족으로 이어질 수 있다는 사실을 안다. 피해 경험은 자해, 자살 시도, 실제 자살로 이어지는 위험 요인이 될 수 있고 이러한 인과 관계에 대한 연구도 많다. 하지만 여기에는 해석의 문제가 있다. 3장에서 살펴보았듯이 외로움을 느끼는 아동이나 자신감과 자존감이 부족한 아동은 괴롭힘을 당할 위험이 더 높다. 그렇다면 정확한 인과 관계는 어떤 것인가? 외로움이 괴롭힘을 당하는 원인인가(예를 들면), 아니면 괴롭힘을 당하면 외로움을 느끼는가?

여기서 가장 중요한 사실은 첫째, 아마도 쌍방향 인과 관계가 성립한다는 점이다. 둘째, 하지만 피해 경험이 이러한 종류의 부정적 결과를 직접적으로 초래한다는 확실한 증거가 있다. 이러한 증거[9]는 두 가지 주요 자료, 즉 종단 연구와 서로 다른 특성을 보이는 일란성 쌍둥이에 대한 연구를 세심히 검토한 결과 얻을 수 있었다.

종단 연구는 보통 수년에 걸쳐 특정 기간 동안 수행된다. 일반적으로 누군가 피해를 당했는지 여부(또는 얼마나 자주 당했는지)와 함께 피해자의 자존감, 친구 관계, 우울증이나 정신 건강, 그 외에 관련이 있다고 여겨지는 여러 사항을 조사한다. 여기서는 자존감에 대한 예를 들어 보겠다. 연구자는 과거에 괴롭힘을 당했거나 현재 당하는 경험이 이후에 낮은 자존감으로 이어지는지, 또는 자존감이 낮으면 이후에 피해를 당할 확률이 증가할 것이라고 예측할 수 있는지 평가할 수 있다. 때때로 두 개 시점만을 골라 위의 사항을 조사할 수도 있지만 세 개 혹은 그 이상의 시점에서 조사가 이루어지면 분석 및 결론에 더 설득력이 생긴다.

많은 종단 연구에서 제시된 증거에 따르면 원인과 결과가 양방향으로 발생한다(이는 결과의 '악순환'을 시사한다)는 사실을 알 수 있지만, 피해 경험은 우울증 같은 정신 건강 관련 증상과 그 외에도 수면 장애, 집중력 부족, 또는 자살 충동 등 정신병 징후의 증가와 연관이 있다는 확실한 증거가 있다. 일반적으로 이러한 연구에서는 교란 변수를 통제한다. 교란 변수란 성별, 지능 지수, 또는 사회 경제적 지위 등결과에 영향을 미치거나 심지어 결과의 원인이 될 수 있는변수이다. (예를 들어 낮은 지능 때문에 자존감이 낮아지고 피해를당할 위험이 높아질 수 있다.) 대개 이러한 명백한 교란 변수들은 발견된 연관 관계와 이러한 변수들이 관련이 없음을(혹은 크게 영향을 미치지 않았음을) 보여 주는 통계적 분석을 통해 통제된다. 물론 고려되지 않거나 조사되지 않은 다른 교란 변수도 존재할 수 있다.

특성이 불일치하는 일란성 쌍둥이 설계를 통해 이러한 어려움을 우회할 수 있다. 일란성 쌍둥이는 동일한 유전자를 물려받았지만 특성이 불일치할 수 있다. 즉, 환경적 영향을 받아 서로 다른 특성을 지닐 수 있다. 여기서 제시된 대로 연구자들은 피해 경험이 일치하지 않는 일란성 쌍둥이를 조사할 것이다. 쌍둥이 중 한 명은 학교에서 괴롭힘을 당한 경험이 있지만 다른 한 명은 그렇지 않다. 예를 들어, 반이 다르거나 친구들이 다르기 때문일 것이다. 그런 경우 자존감 등의 중요 변수를 기준으로 쌍둥이를 비교할 수 있다. 쌍둥이는 유전적으로 일치할 뿐 아니라 가정 환경도 동일하다. 그러므로 유전적 영향뿐 아니라 (다는 아니라 하더라도) 많은 환경적 영향이 일치하며, 자존감에 있어 모든 차이점은 괴롭힘 피해 경험 때문일 가능성이 있다. 이러한 연구에 따르면 둘 중 피해를 당한 쌍둥이들이 사회 불안 장애 같은 감정적 문제를 더 많이 가지고 있으며 피해 경험이 없는 다른 쌍둥이에 비해 자해 가능성이 더 높은 것으로 나타났다.

뿐만 아니라 이른바 '용량 반응 관계'가 매우 빈번히 발견된다. 다시 말해 더 큰 '용량'의 피해 경험은 더 나쁜 결과를 초래한다. 여기서 말하는 '용량'은 피해 경험이 얼마나 빈번한가, 괴롭힘이 얼마나 심각했는가, 얼마나 오래 지속되었는가, 얼마나 많은 종류의 괴롭힘을 경험했는가(이 점에 대해서는 뒤에서 더 자세히 다룰 것이다) 등이 될 수 있다. 마지막으로, 괴롭힘이 약해지거나 중단될 경우 일반적으로 부정적 결과가 완화된다. 실제로 피해 경험은 특히 우울증 같은 정신 건강 문제 등 부정적 결과를 초래할 수 있다는 매우 강력한 증거가 있다.

하지만 모든 아동이 동일한 방식으로 영향을 받는 것은 아니다. 일부는 크게 영향을 받고 일부는 좀 더 회복력이 있어 보인다. 다시 말해 피해 경험으로 인한 결과는 다른 요인들에 의해 완화될 수 있다. 아동의 회복에 도움이 될 수 있는 요인은 따뜻하고 의지가 되는 가정 환경, 친구들의 응원, 잘하는 활동(스포츠 또는 취미)으로 인한 자존감 상승 등이 있다. 이와 반대로 피해 경험으로 인한 결과를 더 악화시킬 수 있는 몇몇 요인으로는 어려운 가정 환경이나 심한 경우 가정에서 학대를 당하는 것, 친구가 적거나 아예 없는 것, 또는 자신 있게 할 수 있는 활동이 없는 것 등이 있다.

이러한 완화 요인들은 자살 충동이나 실제 자살 위험 등을 감안할 때 매우 중요하다. 일부 연구에서 밝혀진 바에 의하면 괴롭힘 피해를 당한 아동(특히 가해-피해자 아동)의 경우 자해, 자살 충동, 심지어 실제 자살 위험이 훨씬 더 크다. 괴롭힘이 원인으로 추정되는 자살 사례는 언론의 조명을 받을 수 있고, 이러한 사례는 괴롭힘의 영향에 대한 대중의 인식에 놀라운 영향을 미칠 수 있다(1장에서 언급했듯이). 괴롭힘과 사이버 괴롭힘으로 인한 자살 사건을 가리켜 '괴롭힘 자살', '사이버 괴롭힘 자살'이라는 용어가 만들어졌다.

해마다 이러한 자살 사례는 많이 보고된다. 예를 들어 미국의 NBC 뉴스는 학급 친구들에게 괴롭힘을 당했다고 전해지는 12세 여아가 어떻게 스스로 목숨을 끊었는지에 대해 보도했다. 유가족 측의 변호사에 따르면 그녀의 인생은 "비극적으로 끝났다. 다름 아닌 같은 반 친구들이 이 휴대폰을 사용해서 이런 비극으로 몰아갔기 때문이다. ……몇 달째 문자 메시지, 스냅 챗, 인스타그램으로 그녀는 자신이 패배자에다 친구도 없다는 말을 계속 들어야 했다. 심지어 '자살이나 하지 그래'라는 말까지 들었다." 그녀의 어머니는 이렇게 말했다. "우리 애가 학교에 가고 싶어 하지 않는 상황까지 갔어요. 만성 두통에, 복통에…… 많이 시달렸어요. 성적도 곤두박질쳤어요." 학교에서 그녀를 보호하기 위해 아무 조치도 취하지 않았다고 생각한 가족들은 해당 지역 교육 당국을 업무 태만 혐의로 고소했다.[10]

기존에 우울증을 앓았거나 가족이나 그 외 다른 사람들과 관계상의 어려움을 겪는 등 다른 요인들이 괴롭힘 피해 경험과 상호 작용을 일으켜 자살 위험을 크게 높인다는 사실이 지적되었다. 자살 사건이 발생하는 데는 여러 가지 원인이 있을 수 있다. 그럼에도 불구하고 여러 정황을 통해, 때로는 피해자가 남긴 유서를 통해 지속적으로 괴롭힘을 당한 경험이 그러한 비극적 상황의 주요 요인이었다는 사실을 분명히 알 수 있다.

피해자에게 미치는 장기적 영향

괴롭힘 피해 당사자가 된다는 것은 분명 그 즉시, 단기적으로 (수 주 혹은 수개월이 될 수도 있다) 영향을 미친다. 하지만 학교를 떠난 이후에, 그리고 괴롭힘이 멈춘 이후까지 지속되는 장기적 영향도 있을까? 웹스터 모녀의 책에서 발췌한 내용이나 학창 시절에 말을 더듬었던 36세 여성의 인터뷰 내용에서 볼 수 있듯이 여러 사례 연구에서는 실제로 괴롭힘의 영향이 수년 뒤에도 여전히 지속될 수 있다고 주장한다.

이는 더 큰 규모의 표본을 조사한 연구를 통해서도 확인된 사실이다. 학창 시절에 괴롭힘을 당했던 피해자는 성인이 되어서 불안 장애나 우울감 등 정신 건강상의 문제를 경험할 가능성이 더 높다. 한 연구팀은 28개의 종단 연구를 검토했다.[11] 평균 추적 기간이 7년이었기 때문에 대부분의 자료는 청년층을 대상으로 했다. 이들은 학교에서 괴롭힘을 당한 적이 있으면 우울감을 느낄 확률이 훨씬 높았다. 평균적으로 일반인과 비교했을 때의 비율인 교차비가 1.99로 나타났다. 다시 말해 학창 시절에 괴롭힘을 당한 경험이 있으면 학창 시절에 괴롭힘을 당한 경험이 없는 사람에 비해 우울감을 느낄 확률이 거의 두 배에 달한다는 의미이다. 앞에서 언급했듯이 정신 건강과 연관이 있을 수 있는 다른 교란 요인도 있다. 그러나 아동기의 주요 위험 요인을 최대 20개까지 통제를 했을 때도 교차비는 1.74로 나타났다.

학창 시절에 괴롭힘을 당한 경험은 왜 그토록 오랫동안

영향을 미치는 것일까? 낮은 자존감과 우울증 등 정신 건강 문제는 오래 지속되는 경향이 있다. 그리고 앞에서 살펴보았듯이 (예를 들어) 우울증이 괴롭힘 피해 가능성을 높이고, 피해를 당하면 우울증이 악화되는 악순환이 계속된다는 증거가 있다. 학교를 떠난다고 해서 괴롭힘이 멈추는 것이 아니기 때문에(7장 참조) 이 악순환의 고리를 끊기 위해서는 확실한 삶의 전환이나 치료가 필요하다.

생물학적 메커니즘이 원인일 수 있다는 연구 결과도 있다. 스트레스를 받으면 (예를 들어 누군가 나를 폭행하거나 괴롭히는 것으로 인해) 이에 대응하기 위해 몸이 만반의 준비를 한다. 아드레날린과 코르티솔 같은 스트레스 호르몬이 신체에 조치를 취하도록 경고한다. 스트레스를 받으면 아드레날린은 곧바로 분비되고 코르티솔은 더 늦게 분비되지만 더 오래 유지된다. 코르티솔은 타액 수집을 통해 측정할 수 있다. 괴롭힘 피해자의 코르티솔 수치에 관한 많은 연구가 수행되었다. 일반적으로 피해자들은 스트레스 요인에 대한 코르티솔 반응이 피해 경험이 없는 대조군에 비해 낮았다. 상식에 반하는 결과로 보이지만 아마도 적응 반응 때문일 것이다. 공격을 당하면 준비 태세를 갖추고(심장 박동이 빨라지고) 경계를 하게 되는 것은 단기적 적응 반응이지만, 이러한 반응은 지나치게 에너지 소모가 많고 신체에 부담이 된다. 괴롭힘을 자주 당하면 신체는 계속해서 이렇게 에너지 소모가 많은 방식으로 반응할 수가 없을 것이다. 그렇기 때문 피해자의 반응이 약화된다. 하지만 이런 반응 역시 해롭다. 효과적으로 반응할 가능성이 줄어들어 무력감과 그에 따른 우울감을 느낄 확률이 더 높아지기 때문이다.

가해자에게 미치는 영향

———

학교 분위기, 또래 집단의 태도, 괴롭힘 사건에 대한 대응에 따라 가해자는 자신의 행동에 대한 단기적 보상을 얻을 수 있다(3장 참조). 가해자는 영향력 있는 사람이라는 평판을 얻을 수 있고, 청소년기에는 이성에게 잠재적인 데이트 상대로 매력적일 수도 있다. 또한 피해자에게 돈이나 다른 물품을 갈취할 수도 있을 것이다. 일본에서 1994년 13세 오코우치 기요테루가 자신의 집 정원에 있는 나무에 목을 매 숨진 사례가 잘 알려져 있다. 기요테루는 같은 반 친구

네 명에게 3년 동안 협박을 당했다. 이들은 1만 달러 이상에 해당하는 금품을 갈취했다. 기요테루는 이 금액의 상당 부분을 부모에게서 훔쳤다. 이에 대한 죄책감과 고통이 자세히 적힌 유서는 "더 오래 살고 싶었는데……."라는 말로 끝을 맺는다.

당시 이 가해자 일당은 짧은 기간에 많은 돈을 손에 쥐었다. 하지만 이들은 중장기적으로 부정적 결과를 초래할 수 있는 비행과 반사회적 행동의 길로 접어들었다. 연구 결과 학창 시절에 다른 사람들을 괴롭힌 경험은 장기적 영향을 미치고 이로 인한 결과가 따른다는 사실을 명확히 알 수 있다. 장기적 영향 중 하나는 이후에 범죄와 폭력적 행동의 위험이 상당히 크게 증가하는 것이다. 한 메타 분석 보고에서는 29개의 종단 연구의 결과를 검토했다.[12] 평균 6년의 추적 기간에 학창 시절에 가해자였던 아동이 이후에 범죄를 저지를 가능성은 훨씬 높았으며 평균 교차비가 2.64에 달했다. 따라서 이들은 학창 시절에 다른 사람들을 괴롭히지 않은 사람들에 비해 범죄자가 될 가능성이 2.5배 이상 높았다. 다양한 다른 요인들을 감안하여 보정한 후에도 교차비는 1.89를 유지했다.

가해-피해자에 미치는 영향

일반적으로 가해-피해자는 피해로 인한 부정적 영향 때문에 고통을 받지만 동시에 충동적 성향을 보이며 감정 조절 능력이 부족하다. 학령기 아동의 보건 행동 설문 조사HBSC의 자료(2장 참조)를 사용한 연구에서는 25개국 11~15세 학생을 대상으로 괴롭힘과 무관한 학생들과 비교하여 피해자, 가해자, 가해-피해자 역할별 상관관계를 비교했다.[13] 결과는 상당히 일관적이었다. 피해자는 감정 조절과 학급 친구들과의 관계에서 가장 점수가 낮았고 가해자는 학교 적응 점수가 낮고 알코올 섭취율이 높았다. 가해-피해자는 모든 면에서 점수가 낮았다. 실제로 가해-피해자는 정신 건강, 사회관계, 학업 성취도 같은 장기적 결과에서 ('순수한' 피해자나 가해자에 비해) 전반적으로 점수가 가장 낮았다.

학업 성취도에 미치는 영향

학업 성취도에 있어서는 엇갈린 결과를 보인다. 때때로 교사의 총애를 받거나 공붓벌레라고 비치기 때문에 괴롭힘을 당하는 청소년도 있다. 이러한 경우에는 괴롭힘과 학업 성취도 사이에 양陽의 상관관계가 나타날 것이다. 반면 괴롭힘 피해 경험으로 인한 불안과 스트레스는 학교 결석과 성적 하락으로 이어질 가능성이 있다. 대부분의 연구에서 학업 성취도와 피해자 경험은 약간의 음陰의 상관관계가 있는 것으로 밝혀졌다. 이러한 음의 상관관계는 가해자의 경우 더 강하게 나타나며 특히 학교에 반감이 있고 잘하려는 의지가 별로 없는 가해-피해자의 경우 더욱 그렇다.

보다 장기적 연구도 존재한다. 영국에서 전국 아동 발달 연구National Child Development Study, NCDS[14]의 자료를 이용하여 1958년의 한 주 동안 태어난 총 1만 7,634명의 아동 모두에 대해 몇 가지 분석이 이루어졌다. 이후 이들이 7, 11, 16, 23, 33, 42세가 되었을 때 다양한 방법으로 조사를 진행했다. (그리고 여기 나온 분석 결과가 보고된 이후인 55세에도 조사를 진행했다.) 7세와 11세에 피해자 관련 조사를 할 수 있었고, 16세에 가해자 관련 조사를 할 수 있었다. 이 조사 결과는 23, 33, 42세 때 이들의 학업 성취도(학력 인정 시험 성적은 어느 정도 수준인지, 학위는 취득했는지)와 연관이 있었다. 학교 내 괴롭힘 피해자는 (피해자가 아닌 사람들에 비해) 성인기로 접어들면서 학업 성취도가 낮아졌으며, 이는 학교 및 가정의 특징을 통제한 후에도 그랬다. 괴롭힘 가해자의 경우는 학업 성취도가 훨씬 더 낮았고 피해자에 비해 현저히 저조했다.

방관자와 학업 분위기에 미치는 영향
———

괴롭힘을 목격한 사람은 이로 인해 영향을 받을 가능성이 있다. 물론 괴롭힘이 어떻게 다루어지는지, 그에 따른 결과는 어떤지가 큰 영향을 미치겠지만 어떤 경우라도 당황스러울 것이다. 잉글랜드의 학교에 재학 중인 12~16세 학생 2,000명을 대상으로 연구[15]가 수행되었다. 신체적 고통 호소와 우울증 같은 정신 건강 관련 증상을 평가한 결과 괴롭힘을 목격한 사람은 괴롭힘을 목격하지 않은 사람에 비해 점수가 낮았다. (하지만 피해자나 가해자만큼 나쁜 점수는 아니었다.)

일반적 괴롭힘과 사이버 괴롭힘 비교

괴롭힘을 당한 횟수, 심각한 정도, 지속 기간 외에도 몇 가지 유형의 괴롭힘을 당했는지도 또 하나의 요인이 될 수 있다. 물리적 공격과 언어적 폭력을 모두 당하면 더 안 좋을까? 사회적 따돌림의 경우에도 마찬가지로 더 안 좋아질까? 아마 사이버 폭력도? 다양한 방법으로 괴롭힘을 당하는 것을 가리켜 '중복 피해'라고 한다. 이에 대해 조사한 여러 연구에서는 일반적으로 다양한 방식의 괴롭힘을 당한 경험이 한 가지 방식의 피해를 당한 경우보다 더 나쁘다는 사실을 발견했다. 이해가 가는 결론이다. 물리적으로, 언어적으로, 사회적으로 혹은 인터넷상에서 자신을 효과적으로 방어할 수 없다면 자존감의 다양한 영역에 다각적으로 해로운 영향을 미칠 것이다.

많은 연구가 이루어진 또 다른 분야는 일반적(오프라인) 괴롭힘과 사이버(온라인) 괴롭힘의 상대적 영향에 대한 비교이다. 이러한 상대적 영향에 대한 주장은 둘로 갈린다. 보통 사이버 괴롭힘 피해자는 최소 두 가지 이유 때문에 더 큰 영향을 받는다고 인식된다. 한 가지는 잠재적 관객이 더 광범위하다는 점이다. 운동장에서 내가 겪은 창피한 일은 직접 보거나 전해 듣는 사람이 십여 명 남짓인 데 비해 웹 사이트에 올라온 굴욕적인 사진이나 메시지는 수백 혹은 수천 명의 방문자가 볼 수 있다. 두 번째 이유는 사이버 괴롭힘은 특성상 일주일 내내, 하루 종일 지속된다는 점이다. 저녁마다, 주말마다, 휴일마다 멈추는 일반적인 괴롭힘과는 달리 사이버 괴롭힘은 숨 돌릴 틈 없이 지속된다. 반면 일부 아동의 경우(보통 남아인 경우가 더 많다) 사이버 괴롭힘을 어떤 의미에서는 실재가 아니라고 인식하기 때문에 (실제로 신체적으로 다치거나 해를 입지는 않는다) 그 영향을 최소화할 수 있는 것으로 보인다. 성별에 따라, 일반적 괴롭힘 또는 사이버 괴롭힘의 범주 내 실제 괴롭힘의 유형에 따라 상대적으로 미치는 영향이 다양할 수 있지만, 현재까지의 경험적 증거에 따르면 사이버 괴롭힘 피해자에게 미치는 영향은 일반적 괴롭힘의 피해만큼, 때로는 그 이상으로 심각하다. 하지만 일반적 괴롭힘과 사이버 괴롭힘을 모두 당한 학생들이 가장 심한 타격을 받는다.

05

어떻게 도울 수 있을까?

앞의 4장에서는 괴롭힘 피해 아동이 어떻게 대처할 수 있을지에 대해 다루었다. 피해 아동의 대처 방법이 때때로 효과가 있기는 하지만 보통은 그렇지 않다. 피해자는 대개 자신보다 더 영향력 있는 다수의 가해자에게 괴롭힘을 당하고 쉽게 자신을 방어할 수 없기 때문이다. 그렇다면 다른 사람들은 어떤 도움을 줄 수 있을까? 이번 장에서는 우선 부모가 무엇을 할 수 있을지, 괴롭힘 당하는 사실을 어떻게 알 수 있을지, 어떤 조치를 취할 수 있을지에 대해 생각해 볼 것이다. 그 후에 예를 들어 피해자를 보호하는 등 친구들과 또래 집단이 무엇을 할 수 있을지, 특히 학교 내 또래 지원 제도의 역할에 대해 생각해 볼 것이다. 그다음으로는 교과 과정에 사회적 기술 교육과 안전한 인터넷 사용 기술 교육을 도입하고 운동장 감독 및 설계 개선 등 학교 차원의 예방 조치에 대해 생각해 볼 것이다.

부모와 가족

—

부모는 적어도 세 가지 측면에서 수행해야 할 중요한 역할이 있다. 첫째, 자녀에게 행복하고 안전한 환경을 제공할 수 있다. 둘째, 괴롭힘을 당하는 기색이 보이는지 주의 깊게 살피고 자녀가 이에 대해 이야기를 하면 힘이 되어 줄 수 있다. 셋째, 학교와 적극적으로 협력하여 학교에서 시행하는 괴롭힘 방지 프로그램을 이용할 수 있다.

육아에 대한 지침은 많지만, 예를 들어 가정 안에서 여러 규칙에 대해 얼마나 엄격해야 하는지 등 보편적으로 합의된 결론은 없다. 하지만 연구 문헌에서 상당히 확고하게 합의를 본 결론은 자녀에게 따뜻하고 안전한 환경을 제공하는 것이 자녀가 보다 자신감을 갖고 회복력을 기르는 데 도움이 된다는 사실이다. 그러한 가정에는 예상 가능한 상황에 대한 명확한 틀이 존재한다. 자녀는 근본적으로 자신이 부모의 사랑을 받고 있다는 사실을 알고 있다. 때때로 '권위 있는 양육 방식'으로 불리는 이 양육 태도는 문화에 따라 표현되는 방식은 다르지만 일반적으로 가장 이상적 방식으로 부각되고 있다. 3장에서 살펴보았듯이 다른 사람들을 괴롭히는 아동은 가족 간 갈등이 있는 가정에서 자랐을 확률이 더 높고 피해 아동은 가정에서 과보호를 받았을 가능성이 있다.

4장에서 살펴본 것처럼 괴롭힘 피해자 다수는 침묵 속에서 고통받고 있다. 그들은 누구에게도 괴롭힘에 대해 털어놓지 않을 것이다. 부모는 자녀가 괴롭힘을 당하는 기색이 있는지 주의 깊게 살펴볼 수 있다. 분명한 이유도 없이 평소보다 기분이 안 좋아 보이거나, 학교에 가기 싫어하거나, 학교 가는 것을 덜 즐거워할 수 있다. 또 친구들과 그다지 만나지 않거나, 친구들 집에 놀러 가지도 않고 친구들을 집에 데려오지도 않는 경우도 존재한다. 혹은 잠을 잘 못자거나, 갑자기 학교 성적이 떨어지기도 한다. 자존감이 낮아진 것 같거나, 우울증 또는 자해의 징후를 보일 수 있다. 이러한 증상에 대한 이유가 무엇인지 부드럽게 대화를 나누면 실제로 괴롭힘을 당하고 있는지 알 수 있다. 그러한 상황에서 부모는 큰 힘이 될 수 있다.

실제로 유명인들을 포함한 많은 아이들이 괴롭힘을 당한다고 자녀에게 알려 줄 수 있다. (예를 들어 2012년에 출간된 제시카 에니스 힐Jessica Ennis-Hill의 책 『언빌리버블Unbelievable』에 나온 내용을 참고할 수 있다.)[1] 그리고 다음과 같은 실질적 조치를 취하도록 권할 수 있다. 친구들과 같이 다니기, 가능하면 단호하게 대처하기 등의 유용한 대응 전략, 괴롭힘 사건 기록, 사이버 괴롭힘의 경우 스크린 샷 저장, 학교 내 괴롭힘 방지 정책 지원에 따라 담임 교사와 상담, 필요한 경우 교장 또는 학교 운영 위원과 상담 등을 제안할 수 있다. 많은 학교에는 학부모와 협력할 수 있는 전담 직원이 있다 (가정과 학교 사이 연계 업무 담당 직원, 학부모 지원 상담역).

사이버 괴롭힘의 경우 아이들의 인터넷 사용에 대해 파악하고 그에 대해 조언해 주는 등 부모가 할 수 있는 특정한 역할이 있다. 증거가 시사하는 바에 따르면 부모가 관심을 갖고 관여하되 지나치게 구속하지 않을 때 이러한 역할을 가장 효과적으로 수행할 수 있다. 또한 부모는 자녀가 괴롭힘 가해자인지, 심지어 방관자인지에 대해서도 알 수 있다. 이런 일이 있을 경우 괴롭힘이 초래할 수 있는 피해, 피해자의 기분과 상처, 가능한 괴롭힘을 중단하고 피해자를 보호해야 한다는 도덕적 의무에 대해 이야기를 나눔으로써 자녀를 도와줄 수 있다. 부모가 함께 참여하는 괴롭힘 방지 프로그램(7장 참조)이 많기 때문에 이를 통해 학교에서 시행하는 관련 조치를 지원할 수 있다.

괴롭힘을 당하는 아이에게 형제자매가 도움이 되거나 혹은 상황을 더 악화시킬 수도 있다는 점을 감안하면 전반적인 가정 환경 역시 중요하다. 형제자매는 같은 학교에 다닐 경우 직접적으로 도움이 될 수 있고 그렇지 않으면 가정에서 이야기를 들어 주고 안심시켜 줄 수 있기 때문에 잠재적으로 많은 힘이 될 수 있다. 하지만 때때로 형제자매가 가정 내 괴롭힘의 가해자와 피해자 관계에 놓일 수도 있다. 형제자매 간 괴롭힘이 학교에서의 괴롭힘과 연관이 있다는 사실이 지속적으로 밝혀지고 있다. 한쪽에서 피해자(또는 가해자)면 다른 쪽에서 피해자(또는 가해자)가 될 확률이 다소 높아진다. 여기서도 부모로서 해야 할 중요한 역할이 있다. 가정 내에서 자녀를 위해 대립적 환경이 아닌 건설적인 환경을 조성하는 것이다.

교내 또래와 또래 지원 제도

가정에서 형제자매가 힘이 되는 역할을 할 수도(혹은 그렇지 않을 수도) 있듯이 학교에서 또래 집단 역시 힘이 되는 역할을 할 수도(혹은 그렇지 않을 수도) 있다. 2장에서 논의했던 것처럼 친구가 있으면, 특히 그 친구가 내 편이 되어 주는 충실한 친구라면, 또래 집단에서 어느 정도 확고한 위치를 가졌다면 괴롭힘에 대비하여 중요한 보호 요인이 된다. 하지만 모든 아동이 그러한 친구가 있는 것은 아니다. 또래 지원 제도는 괴롭힘 피해자 또는 잠재적 피해자를 돕기 위해 학교 내 대다수 학생들의 선의를 활용할 수 있는 방법을 제공한다.

또래 지원 제도는 계획적이고 조직적인 방식으로 학생들의 경험, 지식, 기술을 활용한다. 이 제도는 다양한 목적으로 이용될 수 있지만 일반적으로 괴롭힘을 줄이고 피해자를 지원하기 위해 이용된다. 현재 많은 학교에서 다양한 또래 지원 제도 중 일부 유형을 이용하고 있다. 기억해야 할 주요 사항은 또래 지원자 선발, 교육 및 감독, 학교의 편의 제공, 어떤 유형의 제도를 이용하는지에 관한 것이다.

또래 지원 역할 '선발'에는 두 가지 방법이 있다. 또래 지원 역할은 자원할 수도 있고 교사가 선발하거나 학생이 지명할 수 있다. 각 선발 방법에 대해서는 찬반 의견이 나뉜다. 자원하는 학생은 열정적이고 충실하게 역할을 수행할 가능성이 높지만, 반드시 또래 집단에서 영향력 있는 위치에 있는 학생은 아닐 수 있다. 이와 달리 지명을 받은 학생은 또래 집단에서 높은 위치에 있을 수 있지만 그다지 충실하게 역할을 수행하지는 않을 수 있다. 어떤 쪽이든 성비의 균형을 맞추는 것이 중요하다. 남아보다 여아가 또래 지원 역할에 자원하는 성향을 더 보이지만 남아 역시 또래 지원이 필요하다. 교사 지명 또는 성별 할당제가 성비 균형을 확보하는 데 도움이 될 것이다.

또래 지원 제도에는 '교육 및 감독'도 필요하다. 또래 지원자는 선택된 제도를 시행하는 것뿐 아니라 기본적인 상담 기술, 비밀 유지, 윤리 의식 등의 사안과 관련해서도 교육이 필요하다. 이들은 어떤 일이 자신의 소관인지, 접하는 상황에 대해 언제 어른의 도움을 받고, 문의해야 할지를 알아야 한다. 외부 기관이나 이미 교육받은 교사가 이들을 교육할 수 있다. 대개 관련 교육을 받은 교사가 또래 지원 제도에 대한 감독을 맡고 책임 교사는 정기적으로 보고회를 열어 또래 지원 제도의 진행 상황과 발생한 모든 문제에 대해 논의해야 한다. 제도 시행에 따른 영향을 평가하는 것 또한 바람직할 것이다.

학교에서는 이와 관련하여 '편의를 제공'해야 한다. 또래 지원 제도가 제 역할을 하려면 학교의 고위급 운영단에서 지원을 해야 한다. 담당 교사에게 또래 지원 제도를 조직화할 시간을 주는 것 외에도 이 제도에 대한 홍보가 필요하다. 또래 지원자가 배지를 착용하거나, 특별 게시판에 이들의 사진을 게시하거나, 이들을 소개하는 모임을 소집하여 또래 지원자를 알아볼 수 있게 한다. 뿐만 아니라 또래 지원 서비스를 이용하고자 하는 학생들이 또래 지원자와 접촉할 수 있어야 한다. 이들과 연락할 수 있는 다양한 방법이 있다. 초등학교에서는 슬플 때나 함께 놀 친구가 없을 때 학생들이 찾을 수 있는 벤치를 운동장에 설치하여 또래 지원자가 와서 이 학생들과 이야기를 나눌 수 있다. 중등학교에는 일반적으로 비밀이 보장되는 공간이나 전용 교실 같은 곳에 또래 지원자가 점심시간 등 정해진 시간에 상주하고 학생들은 도움이 필요할 때 이곳을 찾을 수 있다. 또 다른 방법으로는 (메시지를 보낼 수 있는) 괴롭힘 상자나 학교 내부 전산망을 통해 또래 지원자와 접촉할 수 있다.

또래 지원을 위해 '이용할 수 있는 제도의 유형'은 굉장히 다양하다. 초등학교에서는 일반적으로 도움을 줄 수 있는 친구들이 쉬는 시간에 걱정스러워 보이거나 외로워 보이는 학생들을 찾아 나선다. 놀이 담당 친구들의 주도로 계획된 놀이 활동을 한다. 중등학교에서는 보통 상급 학년의 또래 지원자가 새로 들어온 학생들의 적응을 돕는다. 이들은 지정된 교실이나 동아리 방에서 괴롭힘 당하는 학생들에게 일대일 멘토링을 해 줄 수 있다. 단짝 친구 제도, 또래 멘토링, 또래 상담, 또래 중재 등의 제도가 있다.

'토론 서클/친목 서클/지원 서클/힘이 되어 주는 친구'와 같은 다양한 모임에는 학급 전체 또는 선발된 학생들이 참여할 수 있다. 교사는 학생들이 감정에 대해 이야기를 나누고, 또래와 긍정적인 관계를 맺기 위한 유연하고 창의적인 방법을 개발하고, 경험적 기술과 창의성을 개발하도록 도움을 준다. 이를 통해 자신이 어려움에 처했을 때 도와줄 또래 친구가 있다는 사실을 알게 되고, 고립감을 덜 느끼도록 도와줄 수 있다. 이러한 활동은 회복적 접근법을 활용하는 데 중요할 수 있다(6장 참조).

'친구 되어 주기' 또는 단짝 친구 제도는 학교에 새로 전학을 오는 등의 이유로 외롭거나 현재 친구가 없는 학생들에게 또래 지원자가 친구가 되어 도움을 주는 제도이다. 일부 제도는 운동장 단짝 친구에 기반을 둔다. 보통 운동장 단짝 친구임을 알아볼 수 있도록 특별한 모자나 옷을 착용하고 쉬는 시간이나 점심시간에, 외로워 하거나 괴롭힘을 당하는 아동이 취약하다고 느낄 때 도움을 준다. 다른 제도들은 운동장에서 하는 놀이를 조직하거나 점심시간에 활동하는 동아리 운영에 초점을 맞춘다. 모든 학생들이 참여할 수 있지만 친구가 없는 학생들에게 참여를 권하고 참여할 수 있는 방법을 알려 준다. 단짝 친구는 목표 그룹과 같거나 높은 연령대로 구성된다. 중등학교에서는 단짝 친구 제도를 이용하여 새로 들어온 학생들이 새로운 학교에 적응하도록 도움을 줄 수 있다. 새로운 학생들은 첫 학기에 얼마 동안 특정 형태의 관련 수업에 등록하여 출석하거나 지도 교사를 만날 수 있으며 자신감이 쌓임에 따라 1년에 걸쳐 점차 출석 횟수를 줄여 간다.

'또래 멘토링' 제도는 실질적인 조언과 격려를 접목하여 두 학생 간 협력적 관계 확립을 목표로 삼는다. 이 제도는 특히 어려운 시기(예를 들어 새로운 학교에 다니거나, 사별을 했거나, 괴롭힘을 당할 때)를 겪고 있는 학생을 지원하기 위해 이용한다. 중등학교에서는 높은 연령의 학생 멘토가 더 어린 멘토를 교육하는 데 도움을 줄 수 있다. 멘토링은 상대적으로 어려운 역할이기 때문에 교사의 적절한 감독과 지원이 특히 중요하다.

'또래 중재'는 문제 해결 절차이다. 학생들이 문제를 규정하고, 핵심 문제를 파악하고, 그에 대한 의견 일치를 이루고, 가능한 선택지에 대해 제안 및 논의를 하고, 실행 계획 및 합의안에 대해 논의하고, 결과를 추적 조사 및 평가한다. 학생 중재자는 갈등 해결 기술 교육과 학생들 간 논쟁 해결을 돕는 교육을 받는다.

또래 지원 제도에 대한 일반적 평가

또래 지원 제도의 성과에 대해서는 엇갈린 평가가 나온다. 한 보고서[2]에서는 '우리의 평가 결과를 보면 또래 지원 제도는 시행해서는 안 된다'고 주장했다. 또래 지원 제도와 관련하여 몇 가지 문제가 되는 사항과 피해야 할 잠재적인 위험이 분명히 있다. 예를 들어 운동장 단짝 친구 제도는 도움이 될 수도 있지만 사용자 스스로 노출된다고 느끼거나 낙인찍히는 기분이 들면 잘 이용하지 않을 것이다. 외로운 학생이 도움을 청하려고 지정된 장소에 앉아 단짝 친구를 기다리고 있으면 조롱거리가 될 수도 있다. 뿐만 아니라 운동장 단짝 친구 자원자의 경우 특별한 배지나 복장 때문에 놀림을 받을 수도 있다. 한 학교에서는 이들이 노란 모자를 썼는데 결과적으로 '바나나 머리'라고 놀림을 받았다. 이러한 종류의 어려운 문제들은 별도의 시설(예를 들어 학생들이 찾을 수 있는 전용 공간)을 마련하거나 점심시간 동아리 같이 보다 포괄적인 활동을 운영함으로써 피할 수 있다. 또 한 가지 위험은 홍보나 접촉 기회 부족으로 제도가 충분히 활용되지 않고, 또래 지원자가 의욕을 상실할 수 있다는 점이다.

또 다른 보고서[3]에서는 또래 지원 제도가 세 가지 주요 방법을 통해 괴롭힘을 줄일 수 있다고 주장했다. 첫째, 학교 환경의 전반적인 개선을 통해서 둘째, 제도를 이용하는 개별 학생이 괴롭힘을 당하지 않게 도와줌으로써 셋째, 학교 전체에서 전반적인 괴롭힘 비율을 감소시킴으로써 가능하다는 주장이다. 첫 번째에 해당하는 증거가 있다. 관리가 잘되는 또래 지원 제도를 운영하는 학교들은 학생의 행복에 보다 세심한 주의와 관심을 기울이는 학교로 인식되며 학생과 교사가 이 제도를 잘 알고 지지한다. 또한 일반적으로 또래 지원자 자신도 이러한 경험을 통해 혜택을 누린다는 증거가 많다. 또래 지원자는 교육을 통해 유용한 기술을 터득할 수 있고 제도가 효과적으로 활용될 경우 다른 사람들을 돕기 위해 자신이 뭔가 유용한 일을 하고 있다는 기분을 느낄 수 있다. 피해자를 돕는다는 두 번째 목표와 관련한 확실한 증거는 개별 사례를 통해 찾을 수 있다. 괴롭힘을 당하고 나서 또래 지원 제도를 이용한 일부 학생들은 확실히 도움이 되었다고 말한다. 전반적으로 괴롭힘을 줄인다는 세 번째 목표와 관련하여 많은 연구에서는 또래 지원 제도를 시행한 결과 괴롭힘 행동의 전반적 수준에 의미 있는 변화가 없었다고 보고했다.

하지만 또래 지원 제도는 점점 발전하고 있으며 학교들은 과거 경험을 학습하고, 새로운 방법들을 개발하고 있다. 키바 프로젝트(7장 참조)는 또래 지원 제도를 성공적으로 활용했다. 이탈리아에서 수행한 연구[4]에서는 웹 기반 프로젝트 '함정에 빠지지 맙시다', 줄여서 '노 트랩!'이 큰 성공을 거둔 사례를 제시했다. 이 프로젝트에서는 고등학생들이 일반적 괴롭힘과 사이버 괴롭힘에 대항하기 위해 개인 대 개인을 직접 연결해 주는 콘텐츠를 홍보하는 웹 사이트를 개발했다. 이에 대한 평가 결과에 따르면 해당 프로그램을 이용하지 않은 학교들에 비해 사이버 괴롭힘 사례가 크게 감소한 것으로 나타났다(특히 남아의 경우). 후속 연구에서는 교사와 방관자를 더 포함시키고 페이스북 페이지에 인터넷 토론방을 연계했다. 평가 결과 실험군에서 일반적 괴롭힘의 가해자와 피해자 비율, 사이버 괴롭힘의 피해자 비율이 크게 감소한 반면 대조군에서는 다소 상승했다.

학교의 역할

학교는 적절한 괴롭힘 예방 정책을 시행하기 위해 중요한 역할을 담당해야 한다. 학교 운영 위원회를 활용하고, 괴롭힘을 효과적으로 처리할 수 있도록 교사를 지원 및 교육한다. 또 괴롭힘 방지에 도움이 되는 자료 또는 수업을 교육 과정의 일부로 학생들에게 제공하고, 괴롭힘이 용납되지 않는 권위 있는 학교 분위기 조성 등을 담당해야 한다.[5]

학교 차원의 괴롭힘 예방 정책

잉글랜드에서는 학생들 사이에 선행을 장려하고 모든 형태의 괴롭힘을 방지하기 위해 학교가 행동 방침을 정하도록 법으로 규정하고 있다. 괴롭힘 예방 정책은 일반 행동 방침에 포함되거나 별도의 방침으로 정해질 수 있다. 이 방침은 보통 2~3쪽 분량의 짧은 문서로 괴롭힘이 무엇인지, 괴롭힘에 대한 기본적인 정보, 괴롭힘 발생 시 어떤 절차를 따를지에 대해 명시해야 한다. 대부분의 방침에는 괴롭힘의 정의, 학교 분위기 개선에 대한 설명, 괴롭힘 사건의 유형 및 심각성에 따라 어떤 처벌을 받는지에 대한 설명이 포함된다. 하지만 사이버 괴롭힘, 동성애 혐오 괴롭힘, 장애나 종교에 근거한 괴롭힘 등 괴롭힘의 형태를 언급하는 것 또한 중요하다. 또 다른 중요한 사항은 괴롭힘 사건에 대한 후속 절차와 구체적 예방 수단(예를 들어 운동장 활동 또는 또래 지원 제도 등)이다. 그러나 보통은 모든 방침에서 이러한 측면들을 전부 만족할 만한 수준으로 다루고 있지는 않다.[6]

또 훌륭한 괴롭힘 방지 정책을 갖추고 있다고 해서 그 자체만으로 학교 내 괴롭힘이나 폭력의 비율이 낮아지는 것을 의미하지는 않는다. 실제로 둘 사이의 직접적인 연관성을 보여 주는 증거는 아주 미미하다. 하지만 이러한 정책은 괴롭힘에 대한 학교의 대응을 위한 기본 틀을 제공하며, 학생, 교사, 학습 멘토, 교직원, 교장, 부모와 보호자 등 학교 공동체 전체와 관련이 있다. 또한 괴롭힘 방지 정책에 기술된 절차가 잘 지켜지는지 확인하는 것이 피해 학생의 부모가 취해야 할 초기 대응 방법이기 때문에 이 정책은 중요할 것이다.

학교 운영 위원회

학교 운영 위원회에는 대개 선출된 학생 대표들이 포함된다. 이들은 교사와 정기적으로 만나 괴롭힘 예방 조치 등 정책 문제에 대해 논의 및 결정을 한다. 많은 학교에서 운영 위원회는 학생이 목소리를 내는 주요 형태이다. 위원회는 학생들의 피드백이 반영될 수 있는 기회를 제공하고, 학교가 학생들의 목소리를 들을 수 있는 기회를 제공한다. 특화된 학교 운영 위원회의 형태로는 괴롭힘 방지 위원회 등이 있으며, 이들은 괴롭힘 방지 조치에 관한 피드백을 효과적으로 제공할 수 있다. 학교에서 이 제도를 이용하는 경우 운영 위원회가 제공하는 권고 사항과 피드백을 인정하고 그에 따른 조치를 취하는 것이 중요하다. 그렇지 않으면 명목상의 시책이 될 뿐이다.

교사와 교사 교육

교사는 학교의 괴롭힘 정책을 실행하고 괴롭힘 사건이 발생할 경우 이를 처리하는 최전선에 위치한다. 노르웨이의 올베우스 괴롭힘 방지 프로그램과 핀란드의 키바 프로젝트(7장에서 설명한다)에서 보여 주듯, 교사가 괴롭힘에 대해 어떻게 인식하고 주의를 기울이고 소통하는지, 괴롭힘에 대한 담임 교사의 태도를 일반 학생들이 어떻게 인식하는지가 해당 학급과 학교 전체에서 괴롭힘의 심각 정도를 예측할 수 있는 중요한 변수이다. 이 두 프로그램과 그 외 다른 여러 프로그램의 일부로 교사 특별 교육이 포함되어 있다. 교사는 사례와 본보기를 통해 긍정적인 관계 확립을 주도해야 하며 이를 위해서는 교사 교육이 도움이 된다. 예를 들어 한 학교에서는 동성애 혐오 표현을 해결하기 위한 캠페인 기간에 교사의 태도가 바뀌었다. 교사들이 과거에는 웃어넘기던 혐오 표현에 대해 문제를 제기하기 시작했고, 이 캠페인은 성공적이었다는 평가를 받았다.

학교 내 괴롭힘과 폭력을 이해하는 지식의 폭은 넓어졌지만, 많은 국가에서 초기 교사 연수 과정에 이러한 지식을 적용하는 경우는 턱없이 부족하다. 학교에서 이러한 과정에 투자할 경우 교사들은 근무하면서 직접 괴롭힘 대처 방법을 익히거나 재직 중 별도의 연수를 받아야 한다. 이러한 방법들이 유용하기는 하지만 체계적이지 않고 단편적이다. 따라서 지역 및 국가 차원에서 교사와 실습 교사를 돕기 위해 더 많은 노력을 기울일 필요가 있다. 대부분의 교사들은 그러한 도움을 기꺼이 받아들일 것이다.

교과 과정의 내용과 방법

괴롭힘과 관련한 문제를 해결하기 위해 여러 학급 활동을 활용할 수 있으며, 이는 점진적으로, 연령·성별·문화에 적합한 방식으로 이루어져야 한다. 학급 활동을 통해 학교의 괴롭힘 예방 정책에 대한 인식을 높이고 이에 대해 홍보와 논의를 할 수 있다. 또 괴롭힘에 맞서 사회적 기술 및 감정적 기술, 공감력, 단호한 대처 능력을 개발할 수 있다.

일부 활동은 상대적으로 수동적이다. 예를 들어 괴롭힘에 대한 이야기나 시 읽기, 연극 관람 후 그에 대한 대화 나누기, 동영상 시청 등이 있다. 예를 들어 '함께 맞서자Let's Fight It Together(차일드넷 인터내셔널Childnet International 제작, 사이버 괴롭힘에 대하여)'와 '노출Exposed(아동 착취 및 온라인 보호 단체Child Exploitation and Online Protection unit 제작, 음란 문자 및 사진 전송sexting에 대하여)' 등 중등학교에서 활용되는 안전한 인터넷 사용 관련 영화에 대해서는 학생과 교사 모두 높이 평가했다. 하지만 좀 더 능동적인 활동도 많이 있다. 학생들 스스로 희곡을 창작하고 연기할 수 있다. 더 어린 학생들은 이러한 활동에 인형이나 꼭두각시를 이용할 수 있다. 학생들이 기획하여 토론회를 개최하거나 모임을 만들 수 있다. 비교적 최근에는 컴퓨터 기반 게임을 이용하기도 한다. 가상 환경에서 역할을 맡아 실연하고 결과를 지켜보는 것이다(키바 프로젝트에서와 같이, 7장 참조).

학생이 직접 참여하는 활동은 그 자체만으로도 태도와 행동에 긍정적인 영향을 미친다는 일부 증거가 있다. 하지만 이러한 효과는 예를 들어 연극이나 공연을 관람하거나 심지어 기획하고 연기를 하는 경우에도 단기적일 수 있다. 이러한 종류의 교과 과정을 실행하기 위해서는 지속적인 괴롭힘 방지 조치 및 정책이 뒷받침되어야 한다.

'협력 집단 활동'에서 학생들은 예를 들어 신문 만들기 등과 같은 공동의 과제를 해결하기 위해 함께 작업한다. 집단 내에서 과제를 완성하기 위해 학생들이 각자 다르지만 상호 보완적인 역할을 맡는 이 활동은 '직소jigsaw 교실'이라고도 불린다. 학급 내 또래 집단에서 취약하고 괴롭힘을 당하는 아동이 협력 집단 활동에 참여하면서 한데 어울리게 될 가능성이 있다. 괴롭힘을 당하는 아동이 명확한 역할이 주어진 상태에서 다른 아이들과 함께 수행하고 보조를 받기 때문이다. 이러한 점에서 협력 집단 활동이 도움된다는 사실이 입증되었지만 동시에 가해 아동이 활동 자체에 지장을 줄 수 있다.

'관리 서클'은 학생들로 이루어진 문제 해결 집단이다. 정규 수업으로 구성되어 보통 한 학기 동안 일주일에 한 번씩 진행된다. 관리 서클은 괴롭힘을 포함한 다양한 주제와 관련해 활용할 수 있다. 한 학급의 학생들이 대략 대여섯 명 규모의 그룹으로 나뉘며 그룹 구성, 자료 수집, 결과 발표 등과 관련하여 따라야 하는 일련의 절차가 있다. 괴롭힘의 경우 각 집단은 문제의 본질이 무엇인지, 어떻게 더 많은 정보를 얻을 수 있는지, 어떤 해결책이 있을지에 대해 의견을 나눈다. 이러한 과정을 거쳐 학기 말에 학급에(가능하면 학교 전체에) 보고한다. 학생들의 의견에 귀를 기울이고 주의 깊게 살펴보아야 한다. 어떤 의견은 유용할 것이고 덜 유용하거나 비현실적인 의견도 있겠지만 정중하게 다루어야 한다. 관리 서클은 광범위하게 활용되지는 않지만 활용하고 있는 학교에서는 좋은 피드백을 얻고 있다. 영국의 한 중등학교에서는 관리 서클 활동에 학생들이 호감을 갖고 참여하고 있으며, 괴롭힘에 관한 정보를 수집하는 데 효과적인 것으로 나타났다. 교사들이 시간이 지나면서 괴롭힘이 어떻게 변하는지, 특히 사이버 괴롭힘의 새로운 형태를 파악하는 데 유용했다. 학생들은 괴롭힘 문제를 다루는 데 있어 자신만의 생각이 있었고 다양한 해결책을 제시했으며 이 중 일부는 실제로 실행되기도 했다.

'개인·사회·보건 교육' 실시는 정규 교육 과정을 통해 괴롭힘 예방 조치를 실행할 주된 수단이 될 수 있다. 매주 정규 수업 시간을 통해 대인 관계와 건전하고 공손한 행동 방식에 대해 의견을 나눌 수 있다. 개인·사회·보건 교육은 상호 의견 교환을 통해 괴롭힘의 다양한 유형, 괴롭힘의 결과, 반사회적 행동에 대한 학생들의 인식을 높이고 괴롭힘의 영향에 맞서 대응할 수 있는 방법을 홍보한다. 학생들이 서로 도움을 주고받고 갈등 해소 전략을 개발함으로써 괴롭힘에 대처할 수 있다는 자신감을 키울 기회를 제공할 수 있다. 이와 관련한 다양한 교과 과정 중 한 예로 잉글랜드에서 시행하는 '학습의 사회적·감정적 측면Social and Emotional

Aspects of Learning, SEAL'을 들 수 있다. SEAL은 사회적 기술 및 감정적 기술 개발, 긍정적 행동, 출석률, 학습, 행복을 촉진하기 위한 전체 학교 차원의 접근법이다. 학교 전체와 개인 차원에서 행동 관련 문제(예를 들어 괴롭힘)를 직접적으로 다루었다. 개인·사회·보건 교육 프로그램은 미국과 일부 다른 국가에서도 광범위하게 활용된다.

단호한 태도란 비폭력, 즉 공격적이지 않은 방식으로 자신의 권리를 지키는 것을 의미한다. '단호한 태도 훈련'은 모든 학생들에게 유용하겠지만 괴롭힘을 당하고 있거나 당할 위험에 처해 있는 학생들에게 특히 유용하다. 이전에 단호한 태도를 연습하지 않았다면 자신 있게 '나는 지금 네가 하는 행동이 싫어. 계속 그러면 가서 도움을 구할 거야' 라고 말하기는 쉽지 않겠지만 상당히 효과가 있다. 이러한 종류의 훈련은 괴롭힘을 포함한 힘든 상황에 대처하기 위한 다양하고 구체적인 전략을 가르친다. '같은 말 반복하기 ('싫어, 그렇게 하고 싶지 않아'와 같은 대답을 반복적으로 하는 것)' 와 '혼란스럽게 하기(놀림이나 모욕감을 주는 말에 '그렇게 생각하는구나'와 같이 애매하게 대답하기)' 등을 예로 들 수 있다.

정규 수업이나 방과 후 수업을 통해 학생들은 자신의 경험에 대해 이야기하고 효과적인 대처법을 학습하고 연습할 수 있다. 이러한 방법은 피해자가 유용한 전략을 배울 수 있도록 도움을 주지만 괴롭힘 자체를 해결하지는 못한다. 단호한 태도 훈련은 시간과 비용이 많이 들 수 있고, 효과를 최대한 발휘하기 위해서는 주기적으로 복습하는 시간이 필요하다.

학생은 물론 많은 경우 모든 교사, 부모 또는 보호자가 보다 '안전한 인터넷 사용을 위해 배워야 할 유용한 기술'도 있다. 이는 사이버 괴롭힘이 무엇인지, 어떤 피해를 초래할 수 있는지에 관한 인식을 높이는 데서 시작할 수 있다. 보다 안전한 인터넷 사용을 위한 구체적 행동 지침이 도움이 될 것이다. 예를 들어 개인 정보 설정과 합리적 관리, 욕설을 신고하는 방법 알기, 증거 보관하기, 법적 권리에 대한 정보 수집, 도움이 되는 웹 사이트와 자료 출처 알기 등이 유용할 것이다. 새로운 선례들이 확립됨에 따라 법적 문제에 변화가 생길 가능성이 있기 때문에 안전한 인터넷 사용 기술 프로그램은 주기적 업데이트가 필요하다. 최근에는 인터넷상의 자료를 어떻게 감독하는지, 욕설 신고가 얼마나 용이한지, 모욕적인 게시물에 얼마나 신속하게 대처하는지와 관련해 인터넷 서비스 제공자에게 더욱 더 많은 책임을 묻고 있는 추세이다.

운동장 관련 조치

일반적으로 학교에서의 괴롭힘은 거의 교실 밖에서 발생한다. 때때로 복도나 화장실에서, 보통 쉬는 시간 동안 운동장에서 일어난다. 효과적인 운동장 정책과 잘 설계된 놀이 구역이 괴롭힘 발생률 감소에 도움이 될 것이다.

괴롭힘 감소를 위해서는 '운동장 정책'과 '점심시간 감독자 교육'이 동시에 필요하다. 운동장 정책에는 쉬는 시간과 놀이 시간을 위한 적절한 행동 전략, 친사회적 운동장놀이 및 활동 권장, 교사와 '점심시간 감독자' 간 효과적 연계 등이 있다. 점심시간 감독자는 모든 운동장 정책 또는 학교 괴롭힘 방지 정책을 시행하는 데 중추적 역할을 담당하지만 대부분 이에 대한 교육을 거의 혹은 전혀 받지 않는 것이 현실이다. 점심시간 감독자는 교육을 통해 놀이 구성, 괴롭힘 행동 인지, 학생들과 면담, 괴롭힘 및 갈등 상황

처리에 대한 추가적 기술을 배울 수 있다. 한 가지 중요한 사항은 괴롭힘과 장난으로 하는 다툼을 구분하는 것이다. 또한 이러한 교육은 점심시간 감독자의 자존감과 학교 공동체 내에서 그들의 위상을 높일 수 있다.

운동장의 물리적 환경에 대한 조치로는 '운동장 재설계'가 있다. 이를 통해 쉬는 시간과 점심시간 동안 학생들에게 많은 창의적 기회를 제공하고, 무료함을 줄여 학생들이 괴롭힘을 통해 재미를 찾으려고 할 가능성을 낮춘다. 안전한 놀이 구역과 조용한 공간을 확보하는 것도 유용할 수 있다. 운동장 환경 및 시설을 최적화하는 것은 학생들을 참여시킬 훌륭한 기회가 될 수 있다. 학생들에게 괴롭힘이 자주 일어나는 장소를 그려 보게 하고, 보다 일반적으로는 운동에 참여하거나 다양한 운동장 설계 모형 만들기 대회에 참여할 수 있을 것이다. 낡은 고무 타이어 같은 유용한 실외 놀이 도구를 제공하거나 놀이 시설을 설치하는 데 도움을 주는 등 학부모 참여의 기회도 될 수 있다. 특히 놀이 지도자와 스포츠 멘토 제도 같은 또래 지원 제도 역시 쉬는 시간 활동과 점심시간 동아리 활동에서 활용할 수 있다. 누구든 참여할 수 있지만 특히 취약한 학생에게 도움될 것이다.

학교 분위기

───

좀 더 넓은 차원에서 학교 분위기는 괴롭힘을 당하고 있는 학생들을 포함하여 어려움에 처한 학생들에게 힘이 되는 제반 환경을 제공할 수 있다.

권위 있는 학교 분위기 이론[7]에 따르면 학교 분위기는 두 가지 측면에서 안전하고 효과적인 학교를 위한 열쇠라고 가정한다(코넬Cornell, 슈클라와 코놀드Shukla&Konold, 2015). 첫 번째 측면은 학생들에 대한 엄격한 규율 및 높은 학습적 기대치를 포함하며 이는 학교 분위기의 엄격함 혹은 '체계'라고 불린다. 체계가 잡힌 학교에서는 교사와 다른 교직원들이 엄격하면서도 공정한 방식으로 규율을 집행하며 모든 학생에게 높은 학습적 기대치를 전달한다. 두 번째 측면은 사제 간의 민감성 또는 '협력 관계'와 관련이 있다. 협력적인 학교에서는 교사와 다른 교직원들이 공손하고 세심하고 기꺼이 도우려는 태도로 학생들과 소통한다.

06
괴롭힘이 발생하면?

5장에서는 괴롭힘 발생 가능성을 감소시키기 위해 학교가 취할 수 있는 '선제적 전략'에 대해 살펴보았다. 하지만 가장 좋은 학교에서도 괴롭힘 사건은 분명 발생할 것이다. 그렇다면 학교에서 괴롭힘 사건이 발생했을 때 학교는 어떤 조치를 취해야 할까? 학교 정책은 어떤 조치를 취할지에 대한 지침을 제시해야 한다. 또한, 심각한 사건의 경우 고려해야 할 법적인 문제도 있을 것이다. 영국을 비롯한 많은 국가에서 어떻게 대응할지, 혹은 어떤 '대응 전략'을 구사할지에 대해 학교는 상당히 다양한 선택을 할 수 있다.

가장 보편적인 대응 전략은 직접적 제재의 형태이다. 때때로 징벌적 접근법이라고 불리는 이 전략은 괴롭힘 가해자가 부정적 결과에 직면하게 만든다. 이와 대조를 이루는 이른바 비 징벌적 접근법은 처벌을 가하기보다는 괴롭힘 가해 아동의 태도와 사고방식 전환을 목표로 한다. 회복적 접근법은 현재 많은 학교에서 점차 더 많이 사용하고 있는 또 한 가지 전략이다. 이렇듯 다양한 접근법에 대한 찬반 의견과 각 접근법의 효과를 입증할 수 있는 증거에는 어떤 것들이 있는지에 대해 살펴볼 것이다.

법적 문제

———

많은 국가에서 '괴롭힘 자체'는 범죄 행위가 아니지만 일부 심각한 유형의 괴롭힘은 범죄가 될 수 있다. 예를 들어 영국의 교육부 지침[1]에 명시된 바에 따르면 괴롭히거나 협박하는 행위, 또는 외설적이거나 극도로 모욕적이고 고통을 주기 위해 의도된 의사 표현(예를 들어 온라인상의)은 범죄 행위가 될 수 있으며, 이런 경우 학교는 경찰에 연락해야 한다. 영국에서는 관련 법률이 여러 법령에 산재해 있다. 괴롭히거나 협박하는 행위에 대한 공공질서법(1986), 아동 보호를 위한 아동법(1989), 편견에 근거한 괴롭힘에 대한 평등법(2010)이 있다. 심각한 사이버 괴롭힘의 경우, 악성 통신법(1988), 괴롭힘 방지법(1997), 통신법(2003, 127조)이 적용될 수 있고, 리벤지 포르노와 섹스팅에 대해서는 형사법 및 법원법(2015, 33조)이 적용될 수 있다.

미국에는 현재 50개 주에 괴롭힘 방지를 위한 괴롭힘 방지법이 존재한다. 이러한 법률이 어떤 영향을 미칠 수 있는지를 보여 주는 두 건의 연구가 있다. 한 연구는 괴롭힘 방지법의 강도가 다양한 25개 주에 대한 자료를 이용했다. 교란 변수를 감안하더라도 더 강력한 법을 시행하는 주에서 괴롭힘을 당하는 학생의 비율이 더 낮았다. 아이오와 주에서 수행한 또 다른 연구는 종단 설계[2]를 사용했다. 연구자들은 괴롭힘 방지법을 도입하기 바로 직전인 2005년의 괴롭힘 비율과 2008년, 2010년의 괴롭힘 비율을 비교했다. 2008년에는 괴롭힘 피해 비율이 증가했지만 2010년에는 감소했다. 초기에는 괴롭힘에 대한 인식과 신고가 증가하여 피해 비율이 증가했을 것이고 이후에는 법률이 효과를 발휘함에 따라 감소했을 것이다. 실제로 이렇게 피해 비율이 감소하기 전 증가하는 양상은 법이 처음 도입되었을 때 보편적으로 나타나는 결과이며, 이는 단순히 법 시행 '전후'를 평가하기보다 얼마간의 시간을 두고 자료를 연속적으로 수집해야 할 필요성을 보여 준다.

대응 전략

대응 전략은 괴롭힘 사건이 발생했을 때 그에 대응하는 것이다. 학교는 다양한 괴롭힘 대응 전략을 구사할 수 있다. 영국의 교육부 지침에서 명시하는 바에 따르면, '모든 학교에 맞는 한 가지 해결책은 없다.' 하지만 그럼에도 불구하고 '학교는 다른 학생을 괴롭히는 학생에게는 자신의 행동이 잘못된 것임을 명확히 보여 주기 위해 징계 조치를 취해야 한다.' 2010년 괴롭힘 예방 관행에 대한 전국 조사[3]를 통해 영국의 학교가 실제로 어떤 조치를 취하는지가 밝혀졌다. 거의 대부분의 학교에서 제재 조치를 취하고 있었지만 때로는 진지한 대화 수준에 그치기도 했다. 회복적 접근법을 사용하는 학교가 많았고 비 징벌적 접근법을 사용하는 소수의 학교도 있었다.

직접적 제재

'징계 조치'라는 용어는 괴롭힘 가해자에 대한 일종의 직접적 제재를 의미한다. 하지만 처벌 수위는 상당히 다양할 수 있다. 가장 약한 처벌은 진지한 대화, 담임 교사나 교장의 질책이다. 많은 학교에서 이 방법을 첫 단계로 사용할 것이다. 상위 단계의 처벌로 학교는 교장과의 면담을 위해 학부모나 보호자를 부를 수 있다. 또는 가해 학생이 정해진 기간 동안 학급이나 운동장 출입을 금지 당하거나 일부 특권과 보상이 정지된다. 한 단계 더 높은 징계 조치로는 방과 후에 학교에 남기, 쓰레기 줍기 또는 학교 청소 등이 있다. 심각하거나 반복적인 괴롭힘은 정학 처분으로 이어질 수 있다. 최후의 징계 조치는 퇴학일 것이다.

　일반적으로 학교에서 사용하는 제재 조치는 괴롭힘의 유형과 심각성, 처음 저지른 것인지 혹은 반복적인 행동 양상인지에 따라 다양하다. 영국의 학교들을 조사한 결과에 따르면 초등학교에서 제재 조치는 물리적 괴롭힘에 대해 선호되는 전략인 반면 중등학교에서는 소지품 훼손, 인종 관련 괴롭힘, 동성애 혐오 괴롭힘, 사이버 괴롭힘 등 다양한 형태의 괴롭힘에 대해 보다 폭넓게 사용된다.

제재와 관련해서는 명확한 근거가 있다. (일부는 앞서 언급한 교육부 지침에 명시되었다.) 처벌은 가해 학생이 공개적으로 치르는 대가로서 학교의 괴롭힘 방지 정책에 따라 괴롭힘은 용납되지 않으며 학교의 규칙과 정책을 진지하게 받아들여야 한다는 사실을 보여 준다. 이를 통해 용납될 수 있는 행동의 범위가 어디까지인지에 대해 가해 학생뿐 아니라 다른 학생들의 인식을 높일 수 있다. 가해 학생은 자신이 어떤 해를 끼쳤는지 직시하고 교훈을 얻어야 한다. 징계 조치에는 제지 기능도 있다. 즉, 처벌은 가해 학생이 괴롭힘을 반복하거나 다른 학생들이 비슷한 행동을 못하도록 막을 수 있을 것이다.

어떤 종류의 처벌이 가장 효과가 있을까? 이와 관련한 연구는 거의 이루어지지 않았지만 미국의 한 조사[4]에서는 이른바 '사건의 시간 위험 모델링'을 사용했다. 연구자들은 일곱 개 주 122개 학교에서 괴롭힘으로 인해 징계 회부 처분을 받은 학생 1,221명에 대한 자료를 수집했다. 그리고 어떤 징계 방법이 사용되었는지, 징계 이후 같은 해에 재차 회부되었는지 여부를 살펴보았다. 다양한 징계 방법을 비교해 본 결과 예를 들어 교장실에 머물기, 방과 후에 남기, 교내 혹은 교외 정학 등 많은 처벌이 큰 효과가 없었다. 반면 두 가지 방법이 상당히 긍정적인 효과를 보였으며, 차후에 징계 회부 처분을 받을 확률을 크게 감소시켰다. 그 두 가지 방법은 특권 박탈과 학부모와 교사의 상담(학부모가 상황에 대해 교사와 상담하기 위해 학교에 온다)이다. 흥미롭게도 학부모에게 연락하는 것(어떤 일이 발생했는지 부모에게 통보만 하는 것)은 매우 부정적인 영향을 미쳤다. 모든 부모가 괴롭힘 방지에 대해 학교와 같은 견해를 갖고 있는 것은 아니며 특히 일부 가해 아동의 부모는 더욱 그렇다. 조사 결과에서 알 수 있듯이 괴롭힘 행동에 대해 긍정적 방향으로 영향을 미칠 수 있는 학교의 역량을 향상시키기 위해서는 학부모의 세심한 참여가 필요하다.

학교 조사 위원회와 가해자 재판

징계 조치는 교사가 실행한다. 잉글랜드에서는 수위가 낮은 처벌은 모든 교사가 내릴 수 있는 반면 정학 또는 퇴학은 학교장과 교감만 취할 수 있는 조치이다. 이와 달리 자신이 어떤 처벌을 받을지에 대해 의견을 표명하도록 학생을 참여시키는 방법도 있다. 때때로 가해자 재판이라고 불리기도 하는 이 방법은 학교 조사 위원회를 여는 것이다. 캐나다에서 처음 시도된 이 방법은 1990년대 잉글랜드에서 혹평을 받기도 했다. 하지만 당시 괴롭힘과 학대로부터 아동 보호에 힘쓰는 자선 기관 키드스케이프Kidscape는 학교 조사 위원회의 성공률이 높다고 주장했다.

학교 조사 위원회, 즉 가해자 재판은 선출된 학생 단체를 활용한다. 이 단체는 사건 발생 후에 소집된다. 교사가 재판을 주관하지만 가능한 결정을 학생들에게 맡기는 것을 목표로 한다. 재판에서 가해자, 피해자, 증인 등 관련된 모든 사람들의 진술을 듣는다. 그 후에 (처벌이 있다면) 어떤 처벌이 적절할지 결정한다.

학교 조사 위원회를 긍정적으로 평가하는 이유는 자신

들에게 영향을 미치는 행동에 대해 학생 스스로 발언할 수 있는 기회를 주고 괴롭힘에 대한 또래 집단의 생각을 효과적으로 활용한다는 점이다. 하지만 교사들은 상당히 심각할 수도 있는 사안에 학생들에게 너무 많은 권한을 준다고 생각하기 때문에 이 제도를 반기지 않는다. 때때로 학생들은 교사가 부적절하다고 생각할 만큼 무거운 처벌을 내리기도 한다. 그로 인해 이 방법은 거의 쓰이지 않는다.

ㅂ| 징벌적 방법

징계 조치를 취하는 명확한 근거가 존재하지만 이에 대한 반대 의견도 있을 수 있다. 징계 조치는 누군가(괴롭힘 가해자)에게 해를 가하려는 의도로 행해지며 징계 당사자는 자신을 변호하기가 어려울 수도 있다. (학생들은 교사나 학교보다 힘이 없다.) 반복적으로 처벌을 가할 경우 괴롭힘 행동을 중단시켜야 할 학교가 오히려 그러한 행동의 전형을 만들게 될 수도 있다! 반복적인 부정적 제재는 실제로 이미 학교에 어느 정도 불만을 품고 있을 학생의 분노를 촉발할 수도 있다. 다시 말해 부정적 제재는 일시적으로 괴롭힘을 막을 수는 있지만 처벌받는 학생의 태도와 장기적인 행동 양상을 변화시키지는 못할 것이다.

이와 같은 생각을 하는 많은 교사와 괴롭힘 예방 관련 업무 종사자는 징벌적 접근법을 선호하지 않으며 적어도 덜 심각한 괴롭힘 사건의 경우에는 처벌을 원치 않는다. 유명한 두 가지 방법인 피카스 문제 공유 방법과 지원 집단 방법은 시도해 볼 만한 체계적 절차이다.

피카스 방법(문제 공유 방법)

스웨덴 출신의 심리학자 아나톨 피카스가 1980년대 말에 개발한 이 방법은 그 후 수십 년간 스웨덴, 잉글랜드, 스코틀랜드, 오스트레일리아 등의 학교에서 사용되었다. 이 기간 동안 피카스 방법은 다소 진화했지만 본질적인 부분은 상대적으로 변화가 없었다.

피카스는 괴롭힘 가해자들이 대개 집단으로 행동하며 (주모자는 한 명이지만) 각자가 서로의 행동을 강화한다고 주장했다. 그의 주장에 따르면 이들 집단에 직접적 제재를 가하면 실제로 역효과를 불러일으킬 것이라고 한다. 대신 그는 괴롭힘의 집단 역학(구성원 상호 간에 작용하는 힘—옮긴이 주)을 극복하기 위해 개별 회의와 집단 회의를 접목해 사용하는 비 징벌적 접근법을 지지했다. 이 방법은 간단한 대본과 비 언어적 단서를 조합하여 이용한다. 외부 상담가 또는 학생과 직접적으로 관련이 없는 학교 내 교사가 수행하는 것이 가장 효과적이며, 수행 기술을 철저히 파악하기 위해서는 교육이 반드시 필요하다. 피카스 방법은 연속 5단계로 이루어진다.

1단계는 '괴롭힘 혐의자와의 개별 대화'이다. 성인이 괴롭힘의 주모자로 의심받는 아동을 불러 조용하고 방해받지 않는 공간에서 대화할 준비를 하는 것으로 시작한다. 가해 의심 학생과 대립하는 방향으로 대화해서는 안 되며, 다른 학생들이 피해 학생이 우울해 하는 것과 괴롭힘을 당한 것을 목격했기 때문에 문제가 있다고 언급하며 시작한다. 성인은 반 구조적 대본(사전에 준비된 내용을 중심으로 하되, 상황에 따라 내용을 추가하여 대화한다—옮긴이 주)에 따라 대화를 전개한다. 일반적으로 괴롭힘을 당한 학생이 우울하다는 사실에 서로 동의하고, 그 후에 성인이 '상황을 개선하기 위해 너는 어떻게 할 수 있을까?'라고 질문한다. 일반적인 결과는 가해 학생이 피해 학생을 괴롭히지 않겠다고 말하고 다른 학생들에게도 괴롭힘을 멈추라고 말하거나 피해 학생에게 좀 더 친절하게 대하겠다고 말하는 것이다.

여기서 주목할 만한 점은 괴롭힘 혐의자가 어떤 것에 대해서도 직접적으로 비난받지 '않는다'는 것이다. 단순히 해당 사건에 대해 무엇을 알고 있는지, 도움을 주기 위해 무엇을 할 수 있을지에 대해 질문을 받는다. 물론 괴롭힘에 가담한 사실을 인정할 수도 있지만 의무 사항은 아니다.

이 시간을 마무리 지은 다음 성인은 이제 다른 학생들 (이름을 언급한다)을 만나 볼 것이고, 다음 주에 만나서 상황이 어떤지 알아볼 것이라고 말한다. 실제로 성인은 계속해서 비슷한 방식으로 괴롭힘 혐의를 받고 있는 다른 학생들을 한 명씩 개별적으로 면담한다.

2단계는 '괴롭힘 피해자와의 개별 대화'이다. 괴롭힘을 당한 학생을 응원하는 대화가 이어진다. 여기서 피카스는 '수동적' 피해자와 '도발적' 피해자(2장 참조)를 구분하는 것이 중요하다고 생각한다. 수동적 피해자의 경우 피해자를 안심시키는 것과 가해자가 변하기로 약속했다는 메시지를 전달하는 것이 중요하다. 도발적 피해자의 경우는 자신이 겪는 문제에 본인 스스로 원인을 제공한 측면이 있으며, 가해 학생은 물론 자신 역시 행동의 변화가 필요하다는 사실을 이해하도록 돕는 것이 중요하다.

3단계는 '가해자 집단 회의'이다. 이번에는 성인이 괴롭힘 혐의자들과 집단으로 만나 합의한 사항을 지키고 있는지, 피해자가 동석하면 긍정적인 이야기를 할 수 있을지 확인한다.

4단계는 '관련자 회의'이다. 모든 사람의 입장에서 타당한 행동이 무엇인지에 대한 공식적인 합의에 도달하고 협력적인 행동을 유지하기 위한 장기 전략을 결정하기 위해 관련된 모든 학생들이 모여 회의를 개최한다.

5단계로는 '결과 추적'이 있다. 시간이 어느 정도 흐른 뒤에 공동으로 합의한 사항이 잘 지켜지고 있는지 확인한다.

이러한 방법은 가해 아동이 자신이 피해자에게 가하는 해를 민감하게 받아들이게 하고, 피해자에게 긍정적인 행동을 하도록 장려하며, 도발적 피해자에게는 자신의 행동을 긍정적인 방향으로 변화시키도록 북돋는다.

오스트레일리아의 학교들을 대상으로 이루어진 한 평

가[5]에서 피카스 방법이 피해 학생들의 상황을 개선하는 데 '매우 성공적'이었고 가해 학생들의 태도와 행동을 개선하는 데 '전반적으로 도움이 되었다'고 나타났다. 이에 따라 괴롭힘 방지 관련 업무 종사자들이 이 방법 사용을 지지하고 있다. 여러 조사에 따르면 오스트레일리아와 잉글랜드 모두 오직 소수의 학교들만 피카스 방법을 활용하는 것으로 나타났다. 이 방법을 제대로 사용하려면 훈련받은 성인이 필요하고, 특히 상담 분야 경력자가 선호되는데, 이러한 인력을 항상 이용할 수 있는 것은 아니다. 많은 경우 피카스 방법이 성공을 거두기는 하지만 때때로 가해 학생들이 처음의 피해자에서 해당 집단 밖의 또 다른 아동으로 관심을 돌릴 수도 있다. 끈질기게 되풀이되는 괴롭힘의 경우 한층 수위가 높은 개입이 요구된다.

지원 집단 방법(7단계 접근법)

지원 집단 방법은 1990년대 영국에서 바바라 메인스Barbara Maines와 조지 로빈슨George Robinson이 개발한 것으로, 성인 조력자가 이끄는 문제 해결 접근법이다. 괴롭힘을 당하는 학생을 위해 지원 집단이 형성되고, 이 집단이 문제 해결과 진행 상황 보고에 대해 어느 정도 책임을 위임받는다. 피카스 방법과 마찬가지로 지원 집단 방법 역시 괴롭힘을 당한 학생에 대한 공감적 관심을 불러일으키고 문제 해결에 도움이 되는 책임 있는 조치를 이끌어 내는 것을 목표로 한다. 하지만 구체적 실행 단계는 서로 다르다. 다음은 지원 집단 방법의 7단계이다.

1단계는 '피해 학생과의 대화'로 시작한다. 이는 가정 또는 학교에서 이루어질 수 있다. 피해 학생이 자신의 경험에 대해 일상적인 말로 이야기하도록 한다. 가해 학생들을 혼내지 않을 것이라고 피해 학생을 안심시킨다. 면담의 목적은 어떤 일이 벌어졌는지, 누가 관련되었는지를 파악하는 것이며, 사건의 세세한 내용보다는 피해 학생의 기분에 초점을 맞춘다. 피해 학생이 자신의 기분을 글로, 시나 그림으로 표현하게 하면 도움이 된다.

2단계로 '집단 회의를 소집'한다. 면담에서 이름이 거론된 학생들을 대상으로 대략 6~8명의 집단을 소집한다. 괴롭힘 사건에 연루된 학생들(가해자, 협력자), 방관자, 피해자의 친구들을 포함하되 피해 학생은 포함하지 않는다. 괴롭힘을 당한 학생이 어려움을 겪고 있고 그 학생을 도와주기 위해 자신들이 선택되었다는 사실을 집단에 알려 준다. 소집 당사자들이 곤란해지는 일은 없을 것이라고 해당 집단을 안심시킨다.

3단계는 '피해 학생의 기분이 어떤지 집단에 전달하는 것'이다. 조력자는 피해 학생이 자신의 경험에 대해 어떻게 느끼고 있는지 사전에 본인의 동의를 얻은 후 설명한다. 보통 이전 면담(1단계)에서 피해 학생이 작성한 글이나 그림을 활용한다. 이때 집단 내 개개인에게 질문을 하거나 발생한 일에 대해 비난하지 않는다.

4단계는 '공동 책임을 인식하는 것'이다. 집단의 일부 구성원은 자신이 들은 사실에 대해 불편함을 느끼거나 화가 날 수 있고 자신에게 문제가 생길까 걱정이 될 수도 있다. 조력자는 집단 회의의 목적이 책임 소재를 가리는 것이 아니라 문제를 해결하기 위한 것임을 다시 한 번 강조한다. 문제 해결 과제에 대해 솔직하게 발언할 수 있으려면 판결을 내리는 분위기여서는 안 된다. 해당 집단이 상황에 대한 공동의 책임 의식을 갖도록 격려한다.

5단계는 '도움이 되는 제안을 하도록 유도'하는 것이다.

피해 학생을 어떻게 도와줄 것인지에 대해 집단의 제안을
받는다. 의견을 제안할 수 있는 범위는 집단마다 매우 다양
하지만 일반적으로 집단 구성원 중 일부는 자발적으로 생
각을 내놓는다. 생각이 잘 떠오르지 않으면 문제를 야기한
사건을 되짚어 보는 것이 유용할 것이다. 실제 의견을 제출
하는 것보다 조치에 대한 집단의 약속을 도출하는 것이 더
중요하다.

6단계에서는 '집단에 책임을 위임'한다. 조력자는 피해
학생을 돕는 데 동참한 집단에 감사를 표하고, 좋은 생각을
제시해 준 것에 대해 칭찬하며 회의를 마무리한다. 해당 집
단은 제안된 사항에 근거한 조치를 실행하는 책임을 맡는
다. 일주일 후 진행 상황을 검토하기 위해 구성원을 개별적
으로 만나기로 합의한다.

7단계에서는 '참가자들과 개별 회의'를 진행한다. 조력
자는 집단의 각 구성원과 피해 학생을 한 명씩 개별적으로
만나 해당 조치가 얼마나 성공적인지 확인한다. 각 학생은
문제 해결을 위해 자신이 어떤 도움을 주었는지에 대해 보
고한다.

지원 집단 방법은 관련 학생들의 감정적 인식, 또래 지

원 및 사회적 기술, 공감 능력을 개발하기 위한 것이지 응징이나 처벌이 목적은 아니다. 실제로 지원 집단 방법은 원래 '비난하지 않기' 접근법이라고 불렸다. 2단계에서 집단 회의를 소집할 때 '우리는 벌어진 일에 대해 누구도 비난하지 않을 것이다'라는 말로 절차를 시작하도록 권장하고 있기 때문에 이 명칭이 부적절한 것은 아니다. 하지만 '비난하지 않기'라는 문구는 가해 학생이 자신의 행동에 대한 모든 결과에 대해 책임을 면하게 해 주기 때문에 무책임하다고 생각하는 정치인들과 키드스케이프 같은 자선 단체 등 각처의 반대를 불러일으킨다는 점에서는 부적절하다. 명칭을 지원 집단 방법이라고 바꿈으로써 접근법 자체의 변화를 가져오지는 않았지만 일부 사람들에게는 더 바람직한 명칭으로 받아들여졌다.

잉글랜드의 학교들을 조사한 결과에 따르면 소수의 학교에서 주로 관계적 괴롭힘과 언어적 괴롭힘을 해결하기 위한 목적으로 지원 집단 방법을 사용하고 있으며, 괴롭힘을 당한 학생들에 대한 공감을 통해 자신의 행동에 책임을 지도록 권장했다. 이 방법의 효과에 대한 여러 학교의 입장은 나뉘었다. 일부는 지원 집단 방법의 대립하지 않는, 비 징벌적 접근을 선호한 반면 다른 한편에서는 이러한 접근을 비난과 책임에 대한 회피로 보았다. 또한 지원 집단 방법은 시행하면서 상당히 개조되기 때문에 '7단계'가 항상 기술된 그대로 지켜지는 것은 아니다. 한 가지 언급된 문제는 이 절차에 대해 어느 범위까지 부모에게 상의를 하거나 알려야 하는가에 관한 것이다. 일반적인 견해로는 지원 집단 방법은 경미한 사례일 때 시도해 볼만 하지만 이를 뒷받침할 수 있는 제재 조치가 필요하다.

회복적 접근법

직접적인 처벌이 때로 역효과를 낳기도 하지만 비 징벌적 접근법은 괴롭힘 예방을 위한 정책이나 취지에도 불구하고 가해자가 아무런 부정적 대가를 치르지 않고 하던 대로 행동할 수 있다는 비난을 피할 수 없다. 회복적 접근법은 징벌적 방법과 비 징벌적 방법의 중간 정도 방법이다. 가해자에게 책임을 묻고 자신이 입힌 해를 인정하게 하되, 그 이상의 처벌이나 부정적 제재를 반드시 가하지는 않는다. '응징'보다는 좋은 관계를 '회복'하는 것을 목표로 관련 인물들이 회의나 협의를 하는 데 초점을 맞춘다. 무엇보다 강조해야 할 것은 '너는 교칙을 어겼고 당장 멈추어야 한다'는 사실보다 '네가 한 행동 때문에 (피해자가) 상처를 받았다, 상황을 개선하고 좋은 관계를 회복하기 위해 너는 무엇을 할 수 있겠는가?' 하는 것이다.

회복적 접근법의 몇 가지 개념은 뉴질랜드 마오리족의 '가족회의' 개념에서 비롯되었으며 오스트레일리아의 회복적 사법주의를 통해 발전했다. 이후 캐나다와 미국, 유럽으로 확산되었다. 영국 내에서 회복적 접근법은 청소년법과 범죄 행위 분야에서 처음 도입되기 시작했고 이후 교육 분야에서 받아들여졌다.

회복적 접근법의 세 가지 주요 원칙은 다음과 같다. 첫 번째는 '책임'이다. 가해자는 자신의 행동으로 인한 피해 또는 모욕에 대해 책임지는 법을 배운다. 둘째는 '배상'이다. 피해자가 관여하여 가해자가 일으킨 피해와 고통을 완화하는 데 도움이 될 수 있는 배상 행위를 생각해 낸다. 세 번째는 '해결'이다. 갈등을 성공적으로 마무리해서 더 이상 갈등에 대한 위협 없이 자유롭게 소통할 수 있다.

이러한 종류의 접근법은 숙달된 조력자를 필요로 한다.

또한 학생들이 자신의 기분과 대인 관계에 대한 문제를 논의하는 데 익숙할 경우 도움이 된다. 이전에 '문제 해결 서클' 또는 '토론 서클'을 활용해 본 경험이 있다면 좋은 밑거름이 될 수 있다. 여기서는 교사의 감독하에 학급 학생들이 의자를 동그랗게 배치해 놓고 앉아서 해결해야 할 문제에 대해 토론한다. 모든 학생에게 발언권이 주어지지만 언제든 한번에 한 사람만 이야기할 수 있다. 학생들은 감정에 대해 알고, 표현하고, 문제를 해결하기 위한 토론 서클에 대체로 긍정적이다. 이러한 종류의 일상적 활동은 회복적 접근법을 보다 매끄럽고 효과적으로 활용하는 데 도움이 될 것이다.

괴롭힘 사건의 성격과 심각성에 따라 실제로 이용하는 회복적 접근법이 결정될 것이다. 학생 중심의 토론에서 관계 회복을 위한 전체 회의에 이르기까지 다양한 방법을 이용할 수 있다. 기본적인 기법은 일련의 진단 질문을 이용해 가해자가 피해자의 기분을 인식하게 하고, 자신이 한 행동의 결과를 인정하고 개선하도록 권장하는 것이다. '짧은 회의' 또는 '미니 회의'에서 관련된 학생들 간 비공식적 회의를 소집한다. 훈련받은 교사의 주도로 발생한 사건 및 피해를 살펴보고 가해자에게 배상을 위해 가능한 방법들을 논의하게 한다. '관계 회복을 위한 전체 회의'에서는 공식적이고 체계적인 회의가 열린다. 관련된 학생들과 사건 해결을 논의하기 위해 소집된 학부모 또는 보호자, 친구들 또는 학교측 대표들이 참석한다. 이러한 종류의 회의를 진행하는 교사는 고도의 훈련을 받아야 한다. 해당 교사는 전체 회의를 주최하기 이전에 회의 참석자들과 개별 면담을 진행하여 이러한 회의가 적절한지, 사람들이 회의에 참석할 준비가 되어 있는지 확인해야 한다.

최근 몇 년 사이 학교에서 회복적 접근법 이용이 빠르게 증가했으며, 괴롭힘을 포함한 모든 유형의 반사회적 행동에 대한 해결 방법으로 이러한 접근법이 점점 더 많이 사용되고 있다. 잉글랜드의 학교들을 조사한 결과 대다수의 학교에서 회복적 접근법을 어느 정도 이용하고 있다고 밝혔다. 하지만 이들 학교 중 절반 정도만 회복적 접근법에 대한 공식적인 교육을 받았다. 교사가 이에 대한 충분한 교육을 받지 않았거나 적절한 실제 경험이 부족하다면 문제가 될 수 있으며, 특히 신중하게 진행해야 하는 전체 회의에서는 더욱 그렇다.

회복적 접근법 사용에 대한 일부 평가에서는 성공적인 결과가 보고되지만 중요한 문제가 제기되기도 한다. 학교가 회복적 접근법의 정신을 완전히 받아들여야 한다. 또 고위급 운영단의 지원과 함께 교사를 위한 적절한 회복적 접근법 교육이 뒷받침될 수 있도록 전체 학교 차원의 접근을 시도해야 한다. 이러한 접근이 이루어지지 않는다면 일반적인 제재에 바탕을 둔 관행은 긴장을 고조시킬 수 있다. 회복적 접근법은 인과응보적 접근인 제재와 대조되지만 실제로 학생이 상태 '회복'을 거부하거나 합의된 결정을 따르지 않으면 학교는 어쩔 수 없이 제재에 의지할 수밖에 없다.

다양한 방법의 효과에 대한 증거

괴롭힘 사건이 발생했을 때 가해자를 다루는 가장 효과적인 방법이 무엇인지에 대한 논란은 계속 있어 왔고 현재도 이어지고 있다. 부정적 제재의 형태로 처벌을 경험해야 할까? 이러한 주상은 일반적으로 지지를 받고 있다. 실제로 괴롭힘에 대한 학교 전체의 합의된 방침을 누군가 어겼을 경우 징벌적 처벌이 뒤따르는 것이 논리적으로 보일 것이다. 반면 상담에 더 바탕을 둔 접근법을 중시하는 일부 심리학자들은 그러한 부정적 제재는 가해자의 학교에 대한 불만과 괴롭힘 예방을 위한 가치 기준에 대한 불만을 더 키워 역효과를 낳을 것이라고 주장한다. 이러한 다양한 접근 방식의 효과를 비교한 타당한 증거가 많지는 않지만 여기서는 소수의 연구 자료 가운데 핀란드, 잉글랜드, 오스트레일리아의 자료를 제시하겠다.

핀란드의 연구[6]는 다음 장인 7장에서 설명할 전국 키바 괴롭힘 방지 개입 프로그램을 활용했다. 키바 프로그램에 참여하는 모든 학교는 괴롭힘 방지 프로그램을 시행했지만 사후 대응 전략을 취할 때 대립적 접근법 또는 비 대립적 접근법을 임의로 배정받았다. 대립적 접근법은 가해 학생에게 부정적 제재를 가하는 징계 조치이다. 비 대립적 접근법은 피해자의 상처와 피해자를 돕기 위해 무엇을 할 수 있을지에 초점을 맞추는 피카스 방법이나 지원 집단 방법의 철학을 추구한다.

총 65개 학교(33개 학교는 대립적 접근법, 32개 학교는 비 대립적 접근법 할당)에서 피해자의 보고를 근거로, 두 접근 방식의 결과에 대해 자세한 자료를 산출했다. 연구자들이 339건의 사례를 분석한 결과 78%의 사례에서 괴롭힘이 중단된 것으로 나타났다. 초기에는 대립적 접근법이(83%) 비대립적 접근법보다(73%) 성공률이 더 높은 것으로 보였으나 사건의 성격, 특히 괴롭힘이 지속된 기간을 감안했을 때 이러한 격차는 사라졌다. 대립적 접근법은 중등학교에서, 괴롭힘 기간이 짧은 사례에서 성공률이 다소 더 높은 반면 비대립적 접근법은 초등학교에서, 그리고 장기간 지속된 괴롭힘 사건의 경우에 다소 더 높은 성공률을 보였다. 키바 프로그램을 감독했던 크리스티나 살미발리[7]의 말에 따르면 "키바 프로그램을 7년 동안 전국적으로 보급하면서 수집한 자료에서는 어느 한 가지 방법(대립적 접근법 대 비 대립적 접근법)이 다른 방법보다 더 우월하다는 증거를 제시하지 않는다. 방법 자체보다는 체계적인 후속 조치가 중요한 것으로 보인다."

잉글랜드의 조사에서는 31개 학교의 자료와 285건의 사건 보고를 활용했다. 교사와 학생(피해자) 모두를 대상으로 보고서를 수집했다. 표 6.1에서 보는 바와 같이 성공률을 기준으로 네 가지 접근 방식을 비교했다. 진지한 대화는 첫 번째 단계로서 매우 보편적으로 사용되었으며 좀 더 엄격하고 직접적인 다른 제재 조치들과 구분되었다. 피카스 방법은 이용 학교가 적어서 분석할 수 없었다. 조사 결과는 부문(초등학교 또는 중등학교)과 해당하는 괴롭힘의 주요 유형(물리적, 언어적, 관계적, 사이버 괴롭힘)에 따라 분류되었다.

전체적인 성공률은 약 67%로 나타났지만 이 수치는 접근 방식, 부문, 괴롭힘 유형에 따라 확실한 차이를 보였다. 직접적 제재 조치는 특히 관계적 괴롭힘의 경우 지원 집단 방법보다 효과가 다소 저조했다. 접근 방식에 따른 성공률의 차이는 초등학교보다 중등학교에서 적었다. 또한, 사이버 괴롭힘의 경우(다른 유형의 괴롭힘은 해당하지 않음) 직접적 제재 조치가 가장 효과적이었다. 이 연구에서는 특히 중등학교에서, 물리적 괴롭힘과 언어적 괴롭힘의 경우 회복적 접근법이 높은 성공률을 보였다.

접근 방식에 따른 효과의 차이에 대한 세 번째 연구 자료는 오스트레일리아의 25개 학교를 대상으로 한 조사 결과를 이용했다.[8] 오스트레일리아의 자료는 각 방식의 효과에 대한 교사의 평가를 기반으로 여섯 가지 전략을 비교했

표 6.1 잉글랜드 31개 학교의 사건 보고서 285건에 나타난 괴롭힘이 완전히 중단된 괴롭힘 사건의 부문별, 유형별 비율

| | 부문 | | | 괴롭힘 유형 | | | |
	총계	초등학교	중등학교	물리적	언어적	관계적	사이버
진지한 대화	65	58	71	62	61	66	73
직접적 제재	62	58	65	60	61	60	75
회복적 접근	73	68	77	67	73	76	73
지원 집단	76	80	71	60	68	100	60
전체	67	61	71	62	65	69	70

다. 이전에 조사한 네 가지 전략과 중재(갈등 관계의 두 학생이 중재자와 함께 만난다), 피해자 역량 강화(대개 사전 대비 전략의 성격이 더 강한 사회적 기술 및 단호한 대응 기술을 개발한다)가 포함되었다. 5점 만점(3점=효과 없음, 4점=긍정적 효과, 5점=매우 긍정적 효과) 기준으로, 각 전략의 평균 평점은 회복적 접근법이 가장 높았고(4.14), 그다음은 피해자 역량 강화(4.04), 중재(4.04), 지원 집단 방법(3.92), 피카스의 문제 공유 방법(3.83), 마지막으로 식접적 제재(3.77) 순이었다.

이 세 가지 자료에서 어떤 전략이 가장 효과적인지는 다소 다양하게 나타났다. 그러나 중등학교에서는 제재 조치가 더 효과적이고 초등학교에서는 비 징벌적 접근이 더 효과적이라는 점에서 핀란드와 잉글랜드의 자료가 상대적으로 일치를 보였다. 피해자에 대한 공감 능력을 향상시키려는 목적의 비 징벌적 접근은 나이가 어릴수록 적용이 쉽기 때문일 것이다. 이에 대해서는 7장에서 더 자세히 다루겠다. 또 한 가지 전반적으로 나타난 결론은 이 모든 전략이 상당한 수준의 효과가 있다는 사실이며, 아마도 가장 중요한 것은 일관된 접근, 학교가 가진 명확한 철학, 괴롭힘 사건 발생 시 효과적 후속 조치일 것이다.

07
괴롭힘에 대한 더 많은 이야기

학교 괴롭힘에 대해 우리는 더 많은 것을 알게 되었다. 마지막 7장에서는 이러한 지식이 괴롭힘을 개선하기 위한 효과적 개입 프로그램을 고안하는 데 어떤 도움이 되었는지를 먼저 살펴볼 것이다. 특히 노르웨이의 올베우스 괴롭힘 방지 프로그램, 핀란드의 키바 프로그램, 오스트레일리아의 비스크viSC 프로그램 같이 일부 프로그램은 자국에서 큰 성공을 거두었고 다른 국가에서도 시도되고 있다. 이어서 개입 프로그램이 어느 정도의 성공을 거둘지에 영향을 미치는 몇 가지 요인을 살펴볼 것이다. 괴롭힘 방지 노력을 지원하기 위해 정치인과 자선 단체가 할 수 있는 역할에 대해서도 논할 것이다. 괴롭힘과 공격의 차이에 대해 다시 한번 살펴보고, 학교 외에 다른 상황에서 어떻게 괴롭힘이 일어날 수 있는지를 논하면서 7장을 마무리할 것이다.

개입 프로그램

앞서 5장과 6장에서는 학교에서 도입할 수 있는 사전 대책, 학생 지원 전략, 사후 대응 전략을 살펴보았다. 학교는 여러 전략에 대한 선택권을 가지며 많은 국가에서 괴롭힘 방지 노력을 시작할 때 일반적으로 이러한 '단품 메뉴' 방식을 시도한다. 예를 들어 잉글랜드에서 1994년부터 2002년까지 발효되었던 정부 종합 대책 '혼자 괴로워하지 말아요'에서는 여러 전략을 제시하고 학교가 이 중에서 선택하게 했다.

단품 메뉴 방식의 대안으로는 이른바 '세트 메뉴' 방식이 있을 것이다. 계획에 따라, 최적의 결과를 목표로 여러 전략을 조합하여 개입 프로그램을 구성하는 것이다. 이후에 교육과 홍보를 통해 프로그램을 폭넓게 보급하고 성공률을 평가한다. 현재 이러한 방식으로 구성된 많은 프로그램이 있다. '단품 메뉴' 방식과 '세트 메뉴' 방식의 차이에 대해서는 이후에 다시 다룰 것이다.

올베우스 괴롭힘 방지 프로그램

1장에서 언급했듯이 적어도 서양 국가들 중에서 괴롭힘 방지 프로그램의 체계적 역사가 시작된 것은 노르웨이에서였다. 전국적인 괴롭힘 방지 캠페인이 1983년 가을 노르웨이에서 시작되었다. 이 캠페인은 1982년 말 세 소년의 자살 사건에 대한 반응으로 시작되었으며, 자살의 가장 큰 원인은 학교 내 괴롭힘이었다. 올베우스와 다른 연구자들의 초기 연구에서는 학교 내 괴롭힘 문제가 단발적인 몇 가지 사례에 국한된 것이 아니라 빈번하게 고질적으로 발생하는 문제라는 증거를 제시했다. 이러한 증거는 매우 중요하다. 학교, 교육 당국, 정치인들은 발생한 사건들(예를 들이 자살 사건)이 예외적인 사례이고 광범위한 조치가 필요하지 않다고 말하고 싶어 하기 때문이다.

노르웨이에서는 그렇게 태만한 반응은 찾아볼 수 없었다. 반대로 괴롭힘 방지를 위한 초기 개입 프로그램이 전국적인 규모로 고안되었다. 이 프로그램은 상당히 기초적이었으며 주요 구성 요소는 다음과 같다.

- 각 학교에서 일어나는 괴롭힘 문제의 성격과 범위를 파악하기 위한 학생 중심의 조사
- 괴롭힘에 대한 정보 제공 및 대응 조치 제안을 위한 교사용 책자
- 학급 내 토론을 위한 배경 지식으로 괴롭힘 사례를 보여주는 20분 분량의 동영상
- 학부모를 위한 정보와 조언이 담긴 인쇄물

이 프로그램은 전국적으로 보급되었지만 그중에서도 올베우스는 노르웨이 제2의 도시 베르겐에서 진행된 프로그램의 영향을 평가했다. 이 평가에서 올베우스는 여러 학교와 공동 작업을 통해 기본적인 구성 요소를 확대했고, 이는 곧 올베우스 괴롭힘 방지 프로그램의 첫 번째 버전으로

발전했다. 올베우스 괴롭힘 방지 프로그램에는 단계별로
다양한 구성 요소가 있다.

- 개인 차원의 요소(관련된 학생들을 위한 진지한 대화와 개입
  계획)
- 학급 차원의 요소(학급 회의와 학부모 참여 회의)
- 학교 차원의 요소(괴롭힘 방지 조정 위원회, 괴롭힘 방지를 위
  한 교칙 도입, 설문 조사 실시)
- 지역 사회 차원의 요소(지역 사회 구성원들과 협력적 제휴)

올베우스 프로그램의 전반적인 철학은 어른들이 책임
감 있고 권위 있는 역할 모델로 활동하는 것이다. 학생들을
따뜻하게 대하고 힘이 되어 주는 동시에 괴롭힘 같은 용인
할 수 없는 행동에 대해서는 엄격한 제재를 가한다. (5장에
서 논의한 권위 있는 학교 분위기와 매우 비슷하다.) 교칙을 어겼
을 경우(괴롭힘 사건이 발생하는 등) 부정적 결과가 따라오지
만 물리적 처벌이나 공공연하고 적대적 처벌이어서는 안
된다.
올베우스는 1983년부터 1985년까지 이른바 제1차 베

르겐 프로젝트를 통해 이 확대 프로그램에 대한 평가를 42개 초·중등학교 2,500명의 학생을 대상으로 진행했다. 일반적으로 개입 프로그램에 대한 평가는 '실험군(개입 프로그램을 실행한 학교)'과 '대조군(개입 프로그램을 전혀 실행하지 않은 학교)'을 비교하여 이루어진다. 하지만 올베우스 프로그램에 대한 평가는 실험군과 대조군의 변화를 비교하기가 쉽지 않았다. 평가가 전국적인 개입 캠페인이 벌어지는 기간에 실시되었기 때문에 대조군에서도 다른 개입 노력이 있었을 것이기 때문이다.

물론 개입 프로그램 시행 전후(시행 직전과 1년 후) 동일한 아동을 비교할 수도 있을 것이다. 하지만 이 방법은 문제가 될 수 있다. 피해자 비율은 연령이 증가하면서 자연적으로 감소한다. (2장에서 다루었던 바와 같다.) 이에 따라 올베우스는 '동등 연령 집단 간 시차 대조' 혹은 '확대 선발 코호트' 설계라는 절차를 고안했다. (예를 들어) 4학년 한 학급의 학생들을 생각해 보라. 개입 프로그램을 시행한 지 1년 후 이 학생들은 5학년이다. 이들은 4학년보다 한 살 더 많기 때문에 해당 프로그램과 관계없이 모든 피해자 비율 감소는 연령에 따른 자연적 효과일 것이다. 그러나 새로 5학년이

된 이 학생들과 개입 프로그램 시행 직전인 1년 전에 5학년이었던 학생들을 비교한다고 가정해 보자. 이제 연령에 따른 변수를 통제했기 때문에 모든 차이는 개입 프로그램으로 인한 결과일 것이다. 물론 이러한 방법은 같은 연령대의 서로 다른 학생들을 비교하는 것이기 때문에 한 개 학교나 소수의 학교를 대상으로 한 연구에서는 문제가 될 수 있다. 소수의 특이한(예를 들어 피해 정도가 심각한) 학생들의 경우가 조사 결과를 왜곡시킬 수도 있기 때문이다. 그러나 42개 학교를 대상으로 하는 연구에서는 전반적인 문제를 야기하지는 않을 것이다.

이 방법을 이용해 올베우스는 학생들을 대상으로 올베우스 가해자/피해자 설문지(2장 참조)를 작성하게 하여 프로그램 시행 전후의 자기 보고 평가를 수행했다. 이 결과를 바탕으로 그는 올베우스 괴롭힘 방지 프로그램을 사용하는 학교에서 피해자 비율이 2년간 약 50% 가량 감소한 것으로 추정했다. 이러한 감소율은 남학생과 여학생 모두 비슷했다. 42개 학교를 비교한 결과 그는 교사가 프로그램에 더 깊이 관여할수록, 실행이 더 잘될수록, 피해자 비율의 감소율과 상당히 큰 연관이 있다는 사실을 발견했다.

괴롭힘 같은 문제가 50% 감소한 것은 매우 고무적인 일이다. 물론 문제가 완전히 사라지지 않은 것은 사실이다. 하지만 인간의 본성과 관련된 측면에 깊은 뿌리를 두고 있는 문제에 크게 영향을 미치기란 어려운 일이며 괴롭힘의 경우는 확실히 그러하다. 이 프로그램은 연구자와 교육자들 사이에 1980년대 말까지 보급되었기 때문에 이와 같은 조사 결과는 차세대 연구자들에게 영감을 주었다. 나 또한 1988년 노르웨이에 방문했을 때 이 연구를 처음 접한 것을 계기로 이 분야의 연구를 시작하게 되었다. 그 후 수년간 잉글랜드, 캐나다, 벨기에 서부 지역에서 개입 프로그램이 추가로 시행되었고, 그에 대한 평가가 이루어졌다. 이러한 개입 노력은 주로 올베우스 괴롭힘 방지 프로그램 모델을 바탕으로 이루어졌지만 그 외에도 다양한 요소를 포함하기도 했다.

올베우스는 제1차 전국 캠페인이 종료된 이후에도 자신의 개입 작업을 이어 갔다. 1997년부터 1998년까지 뉴 베르겐 프로젝트를 통해 더 일반적인 형태인 실험군/대조군 설계를 이용했다. 개입 프로그램을 시행한 14개 학교와 대조군에 속한 16개 학교를 비교한 조사가 이루어졌다. 6개월 후 개입 프로그램을 시행한 학교에서 피해자와 가해자 비율이 감소한데 반해 비교 대상인 다른 학교에서는 변화가 거의 없거나 증가했다. 그 이후 1999년부터 2000년까지 37개 학교에서 실시한 오슬로 프로젝트 역시 큰 효과를 보였다.

노르웨이의 새로운 괴롭힘 방지 국가 계획이 2001년 가을 시작되었다. 모든 학교는 의무적으로 괴롭힘 방지 노력을 위한 계획을 세워야 했다. 나름의 전략을 정하거나 올베우스 괴롭힘 방지 프로그램을 도입하거나 또는 얼링 롤랜드Erling Roland가 고안한 프로그램인 제로를 도입할 수 있었다. 이러한 국가 계획은 대규모의 학생 및 학교 표본을 제시함으로써 올베우스 프로그램의 효과를 살펴볼 수 있는 기회를 제공했으며, 마찬가지로 큰 괴롭힘 감소로 이어졌다.

이에 따라 올베우스 프로그램의 긍정적 결과가 노르웨이에서 만족스럽게 재현되었다. 독일, 아이슬란드, 리투아니아, 네덜란드, 미국을 포함한 다른 국가에서도 올베우스 프로그램을 사용했는데 어느 정도 성공을 거두었지만 지속적인 성공을 거두지는 못했다. 그 이유는 프로그램 시행 방법이 변경되었기 때문일 수도 있고, 프로그램 구성 요소의 유형과 조합에 문화적 다양성이 반영되었기 때문일 수도 있다.[1]

키바 프로그램

키바 괴롭힘 방지 프로그램은 2006년에서 2009년 사이 핀란드에서 크리스티나 살미발리와 동료들에 의해 개발되었다. 키바는 괴롭힘에 반대한다는 뜻의 키우사미스타 바스탄Kiusaamista Vastaan의 줄임 말이다. 머리글자인 '키바'는 핀란드어로 멋지다, 혹은 좋다는 의미이기도 하다. 키바 프로그램은 괴롭힘 참여자 역할 접근법(2장 참조)에 부분적 기반을 둔다. 또래 보호자가 중요한 역할을 담당하기 때문에 또래 상황을 효과적인 괴롭힘 방지 노력의 필수 측면으로 본다. 키바 프로그램은 학급을 통하는 것처럼 모두를 대상으로 하는 '보편적 개입'과, 가해자 또는 피해자로서 관련된 사람들을 대상으로 하는 '표적 개입'을 포함한다. 부모를 위한 지침도 있다.

보편적 개입은 학생 교육(초등학교에서)과 주제 토론의 날(중등학교에서)을 포함한다. 괴롭힘의 역학 관계 및 결과, 피해 학생을 지원하기 위해 학생들이 취할 수 있는 행동 등의 주제에 대한 토론, 동영상 시청, 실습으로 이루어진다. 눈에 띄는 특징은 괴롭힘을 다룬 초등학생용 컴퓨터 게임, 중등학생 대상의 인터넷 토론 방 '키바 스트릿' 등 가상 학습 환경을 사용했다는 점이다. 가상 학습 환경을 통해 학생들은 운동장, 교내 식당, 학교 복도에서 겪을 수 있는 여러 가지 어려운 상황을 마주하게 된다. 학생들은 이러한 상황에 어떻게 대응할지 결정하고 그 결정에 대해 피드백을 받는다. 학생 교육은 각 수준별로 다음과 같이 세 개 과목으로 구성된다. '나는 안다(괴롭힘에 대한 내용 설명을 듣는다)', '나는 할 수 있다(학습한 기술을 연습한다)', '나는 실행한다(가상 환경에서 습득한 지식과 기술을 현실 생활에서 또래와의 실제 상호 활동에 적용하도록 권장한다).'

표적 개입은 학내 구성원 중 성인 세 명으로 이루어진 팀을 중심으로 실행한다. 괴롭힘 사건이 발생하면 관련자들은 이들에게 회부된다. 이들은 관련 학생들과 상황에 대해 논의하고 피해 학생에게 도움을 제공한다. (6장에서 설명한 바와 같이 가해 학생에 대한 실제 절차는 다양할 것이다.) 담임 교사는 피해 아동이 속한 학급에서 영향력이 큰 학생을 선발하고, 이 학생과 회의를 통해 피해 아동에게 도움을 제공하도록 요청한다. (2장에서 살펴보았듯이 집단에서 높은 위치에 있는 또래 친구는 보호자로서 더 큰 영향력을 지닌다.)

2007년부터 2008년까지 '무작위 대조군 시험' 평가가 시행되었다. 이 평가에서 학교들은 실험군 조건(개입)과 대조군 조건(비개입—실제로 개입을 1년 연기)에 무작위로 배정된다. 이 평가는 일반적으로 가장 강력한 평가 설계로 여겨진다. 피해자 및 가해자 비율을 평가하기 위해 자기 보고 자료와 또래 보고 자료를 모두 수집한다(2장 참조). 연말에 키바 프로그램을 시행한 학교들은 대조군에 속한 학교에 비해 대부분의 평가에서 대략 20~30%의 감소율을 보였다. 희망적인 것은 사이버 괴롭힘을 포함한 모든 종류의 괴롭힘에서 이러한 감소를 보였다는 사실이다. 하지만 연령대가 가장 높은 집단인 7~9학년(핀란드 기준으로 14~16세)에서는 효과가 상대적으로 약하거나 미미했다.[2]

전반적인 평가 결과는 고무적이었다. 이에 따라 키바 프로그램은 핀란드 전역으로 확대되었다. 2009년 가을 정부

주도로 도입되어 2011년까지 핀란드 종합 중등학교의 약 90%가 키바 프로그램을 사용했다. 2009년에서 2010년 사이 후속 평가에서는 확대 선발 코호트 설계를 사용했다(무작위 대조군 시험 평가를 적용할 수 없었기 때문에). 전반적으로 무작위 대조군 시험 평가보다 낮은 수준이기는 하지만 후속 평가에서도 키바 프로그램을 통해 가해자 및 피해자 비율이 감소했다. 아마도 무작위 대조군 시험은 특히 열의가 있는 학교들이 관심을 가졌기 때문일 것이다.

키바 프로그램은 현재 네덜란드, 에스토니아, 그리스, 이탈리아, 스웨덴, 웨일스, 미국을 포함한 여러 국가에서 시행하고 있다. 예를 들어 이탈리아에서는 프로그램을 성공적으로 사용한 사례가 보고되었다.[3] 이탈리아의 13개 학교가 무작위로(동전 던지기로!) 개입(7개 학교) 조건 또는 대조군(6개 학교) 조건에 배정되어 총 97개 학급, 4학년(초등학교)에서 6학년(중학교) 학생 2,184명이 참여했다. 키바 프로그램은 이탈리아의 상황에 맞추어 작은 변화만 주어 한 학년 동안 시행되었다. 가해자와 피해자에 대한 태도, 피해자에게 표현되는 공감뿐 아니라 자신이 피해자 또는 가해자인지에 대한 자기 보고 등이 평가되었다. 초등학교에서 나타난 피해자 및 가해자 비율, 공감 능력에 대한 주요 결과는 아래와 같다.

- 프로그램 시행을 통해 피해자 비율 및 가해자 비율이 감소했다. 대조군에 속한 학교에서는 감소하지 않았다.
- 피해자에 대한 공감 능력은 프로그램을 시행한 학교에서 크게 증가했다.

중등학교에서 주요 결과는 아래와 같다.

- 초등학교보다 감소 수준이 낮았지만, 중등학교에서도 프로그램 시행을 통해 피해자 비율 및 가해자 비율이 감소했다. 반면 대조군에 속한 학교에서는 증가했다.
- 피해자에 대한 공감 능력이 프로그램을 시행한 학교에서 더 증가했지만 통계적으로 의미 있는 증가 수준은 아니었다.

늘 그렇듯이 저연령 아동에게 프로그램 시행 효과가 더 강하게 나타났지만 전체적인 결과 또한 희망적이다.

비스크 프로그램

———

오스트레일리아의 비스크Viennese Social Competence, ViSC 학교
프로그램은 학교 폭력 방지를 위한 국가 전략의 일환이다
(슈필과 스트로마이어Spiel & Strohmeier, 2011).[4] 학교 전체적으
로, 각 학급에서, 그리고 개인적 차원에서의 사회적 경쟁력
향상을 위해 여러 활동을 구성하여 수행한다. 13개 단원으
로 구성된 학급 프로젝트는 상황 묘사, 토론, 역할극을 이
용하여 심각한 상황을 인식, 해석, 처리하기 위한 여러 대
안을 다룬다. 프로그램 시행 학급 및 대조 학급을 이용한
평가 결과 프로그램 시행 학급에서 시행 직후 및 4개월 이
후 추적 검사에서 피해자 비율 감소폭이 더 크게 나타났다.
가해자 비율은 프로그램 시행 학급, 추적 검사에서만 감소
폭이 더 높게 나타났다. 무작위 대조군 시험을 통한 또 다
른 분석[5]에서는 비스크 프로그램이 사이버 괴롭힘 가해 및
피해를 줄이는 데 효과가 있으며 6개월 이후 추적 검사에
서도 효과가 유지된 것으로 나타났다. 사이프러스에서도
비스크 프로그램을 시행했는데 8학년보다 7학년에서 결
과가 더 성공적이었다.

스텝 투 리스펙트

미국에서는 다수의 괴롭힘 방지 프로그램이 개발되었다. 잘 알려진 프로그램 중 하나인 스텝 투 리스펙트Steps to Respect는 3학년에서 6학년(대략 8~11세)을 대상으로 고안되었다. 학교 전체의 정책과 절차를 개발하고 교사 교육을 강조하는 것 이외에도 이 프로그램에는 사회적 기술 및 감정적 기술에 대한 교과 과정이 포함되어 있다. 학생들의 공감 능력 개발, 감정 조절, 갈등 해결 기술 향상, 긍정적이고 협력적인 또래 관계 형성을 돕고, 괴롭힘에 대한 태도를 변화시키기 위해 고안되었다. 프로그램 시행 학교와 대조군에 속한 학교를 비교한 평가에서 어느 정도 긍정적인 결과[6]가 보고되었다. 즉, 프로그램을 시행한 학교에서 괴롭힘에 대한 태도가 더 단호해지고, 방관자들의 책임 의식이 더 높아졌으며 학교 분위기가 개선되었다. 하지만 학생들이 말하는 괴롭힘 피해 및 가해 수준에는 큰 변화가 없었다.

프렌들리 스쿨 이니셔티브

프렌들리 스쿨 이니셔티브Friendly Schools initiative는 오스트레일리아의 초등학교 대상 프로그램이다. 이 프로그램 역시 학교 전체 차원에서 시행되며 갈등 해결, 공감, 친사회적 기술, 또래의 괴롭힘 억제 등 사회적 기술 개발을 위한 교과 과정에 초점을 맞춘다. 그뿐만 아니라, 예를 들어 학부모에게 편지를 보내는 등 가정과의 연계도 이루어진다. 프로그램 시행 학교와 대조군에 속한 학교의 비교[7]에서 어느 정도 긍정적인 결과가 나타났다. 즉, 괴롭힘 행동을 목격하고 보고한 사례와 자신을 피해자라고 보고한 사례가 줄었다. 다만 자신을 괴롭힘 가해자라고 보고한 사례는 감소하지 않았다.

사이버 괴롭힘에 대한 개입 노력

사이버 괴롭힘 자체의 특성이 있지만(2장 참조) 대개 동일한 학생이 일반적 괴롭힘과 사이버 괴롭힘의 가해자 및 피해자가 된다는 사실을 우리는 알고 있다. 그러므로 보통 괴롭힘을 감소시키기 위한 노력이 일반적 괴롭힘에 초점을 맞춘다 하더라도 사이버 괴롭힘과도 연관성이 있을 것이다. 예를 들어 공감적 인식, 갈등 해결, 친사회적 행동 등이 포함된 교과 과정을 통한 개선 노력은 사이버 괴롭힘에도 효과가 있을 것으로 예상된다. 실제로 핀란드의 키바 프로그램과 오스트레일리아의 비스크 프로그램은 일반적 괴롭힘과 마찬가지로 사이버 괴롭힘에도 큰 효과를 보였다. 오스트레일리아의 프렌들리 스쿨 프로그램은 사이버 프렌들리 스쿨로 확대되었다. 이 프로그램은 개인, 가정, 또래, 온라인, 지역 사회 차원에서 시행되며 어느 정도의 긍정적 결과를 보였다.

사이버 괴롭힘과 관련한 보다 구체적인 프로그램 역시 도움이 될 것이다. 이러한 유형의 괴롭힘은 인터넷상의 행동에 관한 학교 정책과 지침에 명확히 언급되어야 하며 안전한 인터넷 사용 기술(5장 참조) 역시 중요하다. 아동과 청소년, 학부모와 학교를 위한 조언을 얻을 수 있는 웹 사이트가 많다. 뿐만 아니라 보다 구체적인 프로그램도 많이 개발되었다.[8] 예를 들어 독일에서 개발된 '미디어 히어로즈'

에는 사이버 괴롭힘에 대한 여러 요소(괴롭힘의 결과, 법적인 배경지식 등)는 물론 보다 일반적인 사회적 기술과 공감 훈련 등이 포함되어 있다. 네덜란드에서는 '온라인 페스트코펜스토펜'이라는 웹 기반 온라인 괴롭힘 방지 프로그램을 시행했다. 이 프로그램에서는 합리적인 문제 해결, 대응 전략, 인터넷 안전에 대해 웹 기반의 조언을 제공한다. 참여자가 자신의 성격 및 선호하는 대응 전략에 대한 설문지를 작성하고 그에 맞게 조언이 조정되는 맞춤형 프로그램이다.

성공 사례에 대한 메타 분석

현재까지 괴롭힘 방지 프로그램이 일반적으로 얼마나 효과적인지를 평가하기 위해 상당히 많은 괴롭힘 방지 프로그램에 대한 평가가 이루어졌으며, 많은 메타 분석이 수행되었다. 대부분의 평가는 유럽과 북아메리카에서 수행되었지만 일본, 대한민국, 중국, 홍콩 등 동양권 국가에서도 평가가 이루어졌다. 학교 중심의 프로그램 44개를 대상으로 이루어진 철저한 분석[9]에 따르면 이들 프로그램을 통해 평균적으로 괴롭힘 가해자 및 피해자 비율이 약 20% 감소했다. 추가적으로 여러 연구 결과에 대한 메타 분석이 보고되었다.[10] 상당 부분이 초등학교에서 이루어진 성과이기는 하지만 메타 분석에서도 괴롭힘 방지 프로그램 실시 학교에서 어느 정도의 성공을 거둔 것으로 나타났다.

세트 혹은 단품 방식?

———

올베우스 괴롭힘 방지 프로그램, 키바 프로그램, 비스크 프로그램, 스텝 투 리스펙트, 프렌들리 스쿨을 포함하여 확고히 자리 잡은 다른 여러 괴롭힘 방지 프로그램에는 명확히 규정된 일련의 구성 요소가 있다. 이들 요소는 다양한 차원(예를 들어 학교 전체, 학급, 개인)에서 작동한다. 일부 예방 조치나 선제적 조치는 대인 관계에서 존중의 토대를 마련한다. 사후 대응적 성격이 더 강한 일부 조치는 괴롭힘 사건이 발생했을 때 대응하는 방식이다. 모든 종합적 접근법에서는 선제적 전략과 대응적 전략이 모두 필요할 것이다.

세트 메뉴 방식의 접근법을 강력하게 뒷받침할 수 있는
매우 광범위한 이론적 관점이 있다.[11] 이는 계획된 행동 이
론이라는 사회 심리학 이론을 바탕으로 한다. 이 이론에 따
르면 궁극적으로 실제 '행동'을 변화시키기 위한 성공적인
개선 프로그램이 되기 위해서는 '인식(예를 들어 괴롭힘이란
무엇인가)'의 변화, '태도(괴롭힘 행동에 대한 태도, 피해자에 대한
태도, 괴롭힘 신고 및 개입에 대한 태도)'의 변화, '주관적 기준(다
른 사람들은 내가 어떻게 행동해야 한다고 생각하거나 기대하는가)'
의 변화, '효능감(신고나 보호 등의 행동이 부정적 결과를 초래하
지 않고 성공적으로 효과를 낼 것이라는 자신감)'의 변화가 요구
된다. 조직 과학의 개념에 착안하면 이러한 목표는 학생뿐
아니라 교사와 다른 교직원 또는 학교 관련 종사자 모두가
추구할 필요가 있다. '학교 문화(전제, 가치, 신념)'의 변화가
'학교 분위기(예를 들어 가해자 및 피해자 비율에 있어 실제 행동
적 변화)'의 변화와 보조를 맞추기 위해서는 이러한 모든 사
항이 필요할 것이다.

'세트 메뉴' 방식의 접근법과 대비되는 '단품 메뉴' 방식
의 접근법은 다양한 구성 요소들 가운데 각 학교의 상황에
가장 적합하다고 여기는 요소들을 학교가 선택하는 것이

다. 학교 스스로 선택한 괴롭힘 방지 조치에 주인 의식을 더 가질 수 있고 이미 존재하는 틀에 맞추기보다는 학교의 필요와 철학에 가장 적합한 요소를 선택할 수 있다는 장점이 있을 것이다.

올베우스 괴롭힘 방지 프로그램과 키바 프로그램 등은 반복적으로 성공을 거두고 있기 때문에 성공적 결과를 기대할 수 있다. 하지만 이 프로그램들이 항상 기대치나 의도하는 수준만큼 정밀하게 시행되는 것은 아니다. 예를 들어 키바 프로그램의 경우, 무작위 대조군 시험 결과를 보면 총 10개의 수업 계획 중 교사들이 실제로 수행한 수업은 평균 8.7개에 그쳤고, 프로그램이 전국적으로 시행된 첫 해에는 7.8개, 이듬해에는 7.2개로 떨어졌다. 프로그램 시행에 있어 학교별 차이가 상당히 크게 날 수 있기 때문에 피해자 및 가해자 비율 감소의 성공 여부에도 영향을 미치게 된다.

실제로 스웨덴의 39개 학교를 대상으로 수행한 한 연구[12]는 세트 메뉴 접근법과 단품 메뉴 접근법의 차이가 과장될 수 있다는 사실을 보여 주었다. 그 이유는 학교와 교사가 주어진 프로그램을 변경하여 적용하는 경향이 있기 때문이다. 이 연구는 여덟 개 괴롭힘 방지 프로그램(예를 들어 올베우스 괴롭힘 방지 프로그램)의 성공 여부를 비교할 목적으로 시작되었다. 실제 연구 결과에 따르면 한 가지 특정 프로그램을 사용할 것으로 추정되었던 모든 학교가 실제로는 한 가지 이상의 프로그램을 조합하여 사용하고 있었고 이는 심지어 프로그램을 시행하지 않는 '대조군'으로 선정된 여덟 개 학교도 마찬가지였다! 이에 따라 평가의 초점이 프로그램 활용 여부 비교에서 프로그램 구성 요소(5장과 6장에서 다루었던 요소 등) 비교로 바뀌었다.

괴롭힘 방지 프로그램의 연령별 성공률

이전에 여러 번 지적했듯이 괴롭힘 방지 프로그램은 저연령 아동에서, 즉 중등학교보다 초등학교 수준에서 상대적으로 성공률이 더 높은 것으로 보인다. 이에 대한 심층 분석[13]을 통해 다양한 연령에 대한 영향을 직접적으로 비교할 수 있는 19개 연구를 발견하였다. 그 결과 7학년까지 여러 프로그램이 전체적으로 효과가 있었다. 반면 8학년 이상부터는 효과가 거의 없거나 아예 없었다. 몇몇 개별적인 성공 사례도 있었지만 청소년 중기 학생들의 괴롭힘 비율을 줄이는 일은 훨씬 어려워 보인다.

그럴 만한 이유가 있다. 청소년은(어린 아동에 비해) 또래 집단 내에서의 위치에 매우 관심이 많다. 그리고 우리는 또래 집단 내에서 영향력과 위치를 확보하는 데 괴롭힘이 어떻게 쓰일 수 있는지 살펴보았다(3장 참조). 피해자에 대한 태도는 청소년 중기 무렵에 가장 부정적인 경향이 있다. 청소년은 또한 어린 아동에 비해 교사의 충고를 받아들이는 일에 더 저항한다. 규모가 큰 중고등학교에서는 조직적 요인들 또한 프로그램의 효과에 영향을 미칠 수 있다.

진화론적 관점과 의미 있는 역할

────

청소년기의 뇌 변화와 위험 감수 행동에 대한 최근의 새로운 이해뿐만 아니라 괴롭힘의 연령별 차이점에 대한 특정 관점, 방지 프로그램의 성공 등은 진화 심리학[14] 연구의 산물이다. 진화 심리학적 주장에 따르면 괴롭힘은 수렵 채집 사회와 다양한 역사적 시기 전반에 걸쳐 나타나는 보편적

현상이다. 괴롭힘은 보편적이고(물론 모든 아동이 다른 사람을 괴롭히는 것은 아니지만 괴롭힘은 아주 가끔 나타나는 현상이 아니라 현저한 수준으로 관찰된다), 유전적 기반을 지니며(2장의 쌍둥이 연구에서 알 수 있듯이), 괴롭힘을 통해 가해 학생은 이익을 얻을 수 있다. 얻을 수 있는 이익으로는 지배력과 사회적 위치(그 결과 자원에 대한 접근 기회), 개인적 성장, 힘, 건강 측면의 우월성, 번식의 성공(이성을 끄는 매력, 이성과의 교제 또는 성적 기회 등의 수단을 활용) 등이 있다. 좀 더 간결하게 말해서 그 이익은 평판, 자원, 번식이다. 이러한 것들은 청소년기에 특히 중요하다. 청소년은 어른 세계의 위치와 지위를 좇아 경쟁을 시작하기 때문이다. 성공적인 가해자는 최종적으로 번식에서도 더 큰 성공을 거둘 것이고(자녀의 수가 더 많다), 남을 괴롭히는 유전적 성향을 다음 세대에 물려줄 것이다.

이러한 주장은 청소년의 뇌에 대한 최근 연구[15]에 의해 뒷받침된다. 이 연구는 청소년기 뇌 변화와 사회적 뇌라고 불리는 특정 영역이 어떠한 연관성이 있는지를 보여 준다. 사회적 뇌 영역은 특히 타인의 관점 수용, 충동 조절, 타인의 감정 상태 이해, 자신에 대한 관심 대 신뢰와 공감의 개

넘에 대한 관심, 또래의 영향, 또래의 평가, 거절에 대한 두려움과 관련하여 활성화된다. 사회적 뇌 영역은 인지 조절 및 통제를 담당하는 영역보다 빠르게 변한다. 다시 말하자면 청소년 중기의 몇 년 동안은 일시적인 불균형이 생겨 사회적 보상 및 정서적 보상에 대한 민감성이 인지 조절을 앞선다. 그 결과 청소년기에는 자기 중심적 성향과 보상을 추구하는 성향이 커지고 위험 감수 성향이 증가한다. (예를 들어 다른 사람들에게 깊은 인상을 주어 지위를 획득한다.)

이러한 진화론자들은 괴롭힘이 '선택적 적응'이라고 주장한다. 즉, 괴롭히려는 성향은 대부분 혹은 모두에게 잠재해 있을 것이지만 상황에 따라 더 많이 혹은 더 적게 표출된다는 의미이다. 누군가를 괴롭힐지 말지에 대한 결정은 (대개 무의식적으로) 결과에 대한 손익 분석에 기반을 둔다. 그렇다면 이러한 논리는 당연히 괴롭힘 방지 프로그램에도 영향을 미칠 수 있을 것이다. 괴롭힘을 통해 이익을 얻으면서 대가는 적게 치르는 사람들의 행동을 변화시키는 것이 괴롭힘 개선의 힘든 과제일 것이다. 실제로 앞에서 다루었던 키바 프로그램에 대한 한 분석에 따르면 키바 프로그램은 또래 집단 내에서 인기가 낮거나 평균 수준인 가해 학생들의 가해 비율을 감소시킨 반면 인기가 있는 가해 학생들의 가해 비율을 낮추지는 못했다.

이러한 진화론적 주장을 모두 받아들이는 것은 아니다. 그리고 괴롭힘 행동으로 얻는 이익은 분명히 상황에 따라 영향을 받을 것이며 과장된 것일 수 있다. 하지만 이러한 주장이 어느 정도 맞는 부분이 있다면 이와 관련해서 어떤 조치를 취할 수 있을까? 한 가지 방법으로 '의미 있는 역할법'이 제시된다. 이 방법을 지지하는 사람들이 믿는 바에 따르면, 특히 중등학교에서는 괴롭힘을 통해 지위적 혜택을 얻기 때문에 인기가 많은 가해 학생들에게는 대안이 될 수 있는 친사회적이고 지위를 향상시킬 만한 활동이 제공될 필요가 있다. 의미 있는 역할법에서는 특히 괴롭히는 성향이 있는 학생을 포함한 모든 학생들에게 또래 집단에서 남을 존중하도록 하는 어느 정도의 책임감과 함께 친사회적 활동이 주어진다. 예를 들어 여러 활동의 운영 돕기, 운동 경기 조직하기, 또래 교사로 활동하기 등이 있다. 괴롭힘 행동을 감소시키는 데 이러한 방법이 실현 가능성과 성공 가능성이 있는지는 아직 확인되지 않았다. 하지만 이러한 방법에서 확실히 알 수 있는 것은 예상되는 손실과 이

득이 가해 아동을 대상으로 한다는 점을 인식할 필요가 있다는 사실이다. 단순히 어른들이 '괴롭힘은 나쁘다'는 식으로 제재를 가하면 역효과가 날 수 있다. 효과적 조치가 되기 위해서는 많은 가해 학생들이 괴롭힘을 통한 이익으로 얻고자 하고 또 얻을 수 있는 사회적 경쟁력, 인기, 지위를 인정할 필요가 있다.

개입 비용과 효과

비용은 개입 프로그램을 광범위하게 실행하는 데 영향을 미치는 한 가지 요인일 것이다. 우리는 여러 성공적인 프로그램이 어떻게 괴롭힘 피해를 줄일 수 있는지 살펴보았다. 괴롭힘 피해로 인한 여러 결과를 감안할 때(4장 참조) 개입 프로그램은 정신 건강 관련 비용을 줄이고 교육적 성취와 차후의 생산성에서 이익을 가져올 수 있다. 하지만 그러한 이익은 재료 및 교사의 시간 등의 비용과 대비해 균형을 이루어야 한다. 개입 프로그램의 비용을 평가하기는 그렇게 어렵지 않겠지만 이익을 평가하는 것은 더 어려울 것이다. 그럼에도 불구하고 정치적 관점에서 보면 이익이 비용을 능가할 수 있다는 가능성을 보여 주는 것이 중요하다.

몇몇 연구에서 괴롭힘 방지 프로그램의 비용 효율성을 살펴보기 시작했다. 한 연구[16]에서는 자신의 지역 학교에서 그러한 프로그램을 실행하기 위해 어느 수준의 세금 인상을 수용할 준비가 되었는지를 기준으로 올베우스 괴롭힘 방지 프로그램의 비용 효율성을 분석했다. 이 연구 결과를 바탕으로 연구자들은 올베우스 프로그램이 비용 효율성이 있다는 결론을 내렸다. 또 다른 방법으로 피해자가 입을 수 있는 손실 비용을 추정해 볼 수도 있을 것이다(예를 들어 정신 건강 관련 추가 비용과 소득 감소).

지속 가능성 및 사회적 상황

실제 프로그램 또는 프로그램 구성 요소 외에 프로그램이 실행되는 더 넓은 사회적 상황을 고려하는 것 또한 중요하다. 개입 프로그램이나 캠페인은 심지어 노르웨이에서처럼 국가적 차원의 프로그램조차 즉각적으로, 긍정적 효과를 낼 수 있지만 제한적 수준에 그칠 수도 있다. 짧은 기간 동안 상당히 좋은 결과를 보인다 하더라도 프로젝트가 완료되면 상황이 원래대로 되돌아갈 수 있다. 장기적으로 지속될 수 있는 변화를 일으키기 위해서는 이 문제에 대한 인식을 유지하고 자원을 제공하고 정치인과 정부가 괴롭힘 방지 노력을 지원하도록 지속적으로 압력을 가하는 국가 기관을 설치하는 것이 도움이 된다. 이러한 예로 지식인 동원, 회의, 출판에 중점을 둔 캐나다의 프레브넷이나, 50개 이상의 국가 기관을 결집시키고 금융 자산 개발을 지원하고 매년 괴롭힘 방지 주간을 주최해 온 잉글랜드의 괴롭힘 방지 연합www.anti-bullyingalliance.org.uk, 정보, 자원, 성공 사례의 공유를 도모하고 전 학교 차원의 프로그램 도입을 권장하는 오스트레일리아의 국가 안전 학교 체계 등이 있다.

학교 이외에도 미디어에서 접하는 폭력과 지역 사회에서 폭력 수준 등의 요인은 괴롭힘의 수준에 영향을 미치며 적어도 상호 연관이 있는 것으로 나타났다. 어느 정도의 영향을 미치는지는 여전히 논란이 되고 있지만, 미디어, 비디오 게임, 컴퓨터 게임의 폭력은 대개 공격성에 영향을 미치는 요인으로 거론된다. 그러한 폭력이 해로운 영향을 미칠 수 있지만 대부분의 경우 아동의 폭력적 행동을 이해하는 데 있어 주요 요인은 아니라는 것이 일반적인 결론이다. 그럼에도 불구하고 일부 연구 결과에 따르면 폭력적인 미디어에 노출되는 것과 일반적 괴롭힘 또는 사이버 괴롭힘에 연루되는 것은 서로 연관이 있고, 이미 폭력적 성향을 띠는 아동에게 영향을 미칠 가능성이 있다.

소득 격차의 수준 등 일부 문제들은 더 정치적이고 상당히 장기적 성격을 띤다(3장 참조). 이러한 문제들과 더불어 국가 차원의 차이(예를 들어 EU 키즈 온라인 모델에서 나타나듯이)는 생태학적 모델의 바깥쪽에 위치한다(그림 3.1).

다른 괴롭힘 상황들

─

이 책에서 우리는 주로 재학 중인 아동과 청소년 사이의 괴롭힘 그리고 인터넷을 통한 괴롭힘에 대해 살펴보았다. 괴롭힘이라는 용어의 어원은 이 분야에서 비롯된 것으로 보이고 대부분의 연구 역시 이 분야에서 수행되었다. 괴롭힘에 대한 일부 정의는 괴롭힘을 명확하게 학령기 아동에 한정하고 있다(1장 참조).

아동기와 학교 내 괴롭힘에 대한 연구가 활발히 진행되고 있고 지난 30여 년간 이에 대한 많은 지식이 축적되었다. 뿐만 아니라 이러한 지식은 학교 중심의 개입 프로그램을 설계하는 데 적절히 활용되었고, 프로그램들은 어느 정도 성공을 거두었다. 100% 효과를 내는 것과는 거리가 멀지만, 일정한 변화가 나타나고 있다. 우리는 개입 노력의 어려움과 도전 과제에 대해 더 많이 배우고 있고 어떻게 하면 개입 프로그램을 보다 효과적으로 만들 수 있을지에 대해서도 배워 가는 중이다.

그럼에도 불구하고 매우 상이한 두 가지 관점에서 이러한 많은 연구가 제한적이라고 여겨질 수도 있다. 두 관점 모두 '괴롭힘'의 정의가 핵심이다. 이 중 한 가지는 괴롭힘과 폭력의 구분과 관련이 있으며 다른 관점은 학교와 아동의 상황과 관련이 있다.

1장에서 우리는 반복성과 힘의 불균형을 기준으로 '괴롭힘이 일반적인 폭력과 어떻게 다른지'에 대해 논의했다. 또한 이러한 기준을 특히 사이버 괴롭힘 영역에 적용할 때 어떤 어려움이 있는지에 대해서도 살펴보았다. 많은 연구자들은 사이버 괴롭힘보다는 사이버 폭력에 대한 논의를 더 선호한다. 데이비드 핀켈호르David Finkelhor와 동료들은 '또래 괴롭힘뿐 아니라 또래 피해도 예방합시다'라는 제목의 논문[17]에서 보다 일반적인 사례를 제시했다. 이 논문에서 연구자들은 두 기준 모두 문제가 있으며(예를 들어 힘의 불균형은 측정하기가 어려울 수 있다), 개인적 폭력 행위(심각한 물리적 폭력 또는 교내 총격)는 매우 위험할 수 있다고 주장했다. 이들은 위험한 폭력에 대해 일반적으로 좀 더 초점을 맞출 필요가 있다고 제안했다.

물론 유해한 폭력에 대한 연구와 개입이 이루어져야 하겠지만 이로 인해서 괴롭힘에 대한 구체적 연구의 중요성이 줄어드는 것은 아니다. 여러 연구[18]에서 반복성과 힘의 불균형에 대한 기준은 측정 가능할 뿐 아니라 폭력 행위가 초래할 수 있는 피해의 정도까지 예상할 수 있음을 보여주고 있다. 다시 말해 괴롭힘은 폭력 중에서도 특히 위험하고 해로우며 상당히 만연해 있다.

또한 '괴롭힘은 다양한 상황에서 나타난다.' 괴롭힘의 이러한 특징이 조직적 힘의 남용이라고 본다면, 분명 학교와 아동기를 넘어서 훨씬 더 광범위한 상황에 적용해 볼 수 있을 것이다. 하지만 학대abuse나 희롱harassment 같은 다른 용어는 (영어권에서) 가정이나 직장 등의 상황에서 보다 보편적으로 사용될 것이다.

좁은 의미에서의 괴롭힘이 아니라면 괴롭힘은 가족 내 부모와 자녀 사이의 학대에도 적용할 수 있고 가정과 기관에서의 아동 학대에도 적용할 수 있다. 예를 들어 코치에 의한 학대와 같이 스포츠 관련 상황에서도 적용할 수 있다. 직장 내 희롱(보통 직장 내 괴롭힘이라고 지칭한다)에도 적용할 수 있으며 마찬가지로 교도소와 군대에도 적용할 수 있다. 가정 내 노인 학대에도 적용할 수 있다. 실제로 이 모든 상황은 당사자가 벗어나기 어렵기 때문에 더 힘이 있는 사람에 의한 반복적 공격이 계속될 것이다.[19]

마지막으로 인간의 존엄성과 인권에 대한 문제를 살펴볼 것이다. 오래전 댄 올베우스는 자신의 글에서 "아동이 학교에서 안전함을 느끼고 억압당하지 않고 괴롭힘으로 인한 반복적이고 의도적인 모욕을 당하지 않는 것은 민주주의의 기본 권리이다."라고 말했다.[20] 이는 목표로 삼을 만한 가치가 있을 뿐 아니라 모든 연령(아동뿐 아니라)과 많은 상황(학교뿐 아니라)에 적용할 수 있다. 실제로 올베우스가 이 글을 쓸 당시 스포츠 관련 상황에서 아동 학대, 가정 내 아동 학대, 정계와 언론계에서 영향력 있는 남성들에 의한 젊은 여성 학대가 거의 매일 신문에 대서특필 되었다. 괴롭힘, 학대, 희롱과 관련해 미래에는 용어 정의, 의식 고취, 무엇을 용인할 수 있고 무엇을 용인할 수 없는지에 대한 상세한 규정, 대응 전략 및 개입에 있어서 보다 포괄적인 접근이 이루어질 것이다. 학교 내 괴롭힘에 대한 연구는 여전히 진행 중에 있다. 현재로서는 이러한 연구를 연구자와 관련 업무 종사자들이 지식을 모으기 위해 어떻게 협업해 왔고, 또 실제 생활 환경에서 이 지식을 어떻게 적용하는지를 보여 주는 표본 사례라고 생각해도 될 것이다. 다양한 연구들이 현재와 다가올 미래의 많은 아이들에게 혜택이 되길 바라며 또 도움이 될 것이라고 믿는다.

주
―

01 학교 폭력에 대한 정의와 연구 성과

1 Hayes, R. & Herbert, C. (2011). *Rising above bullying: From despair to recovery*. London and Philadelphia: Jessica Kingsley.

2 Webster, D. & Webster, V. (2012). *So many everests*. Oxford: Lion Hudson.

3 Mooney, S. & Smith, P.K. (1995). Bullying and the child who stammers. *British Journal of Special Education*, 22, 24-27.

4 Olweus, D. (1993). *Bullying at school: What we know and what we can do*. Oxford: Blackwell.

5 Lee, S-H., Smith, P.K. & Monks, C. (2012). Meaning and usage of a term for bullying-like phenomena in South Korea: A lifespan perspective. *Journal of Language and Social Psychology*, 31, 342-349.

6 Ditch the label. (2017). *The annual bullying survey 2017*. DitchtheLabel.org

02 괴롭힘에 대한 통계의 함정

1 Slee, P., Skrzypiec, G., Sandhu, D. & Campbell, M. (2018). PhotoStory: A legitimate research tool in cross-cultural research. In P.K. Smith, S. Sundaram, B. Spears, C. Blaya, M. Schafer &

D. Sandhu (eds.), *Bullying, cyberbullying and pupil well-being in schools: Comparing European, Australian and Indian perspectives*. Cambridge: Cambridge University Press.

2   Olweus Bully/Victim Questionnaire. University of Bergen, Norway. olweus@uni.no See also https://www.pdastats.com/PublicFiles/Olweus_Sample_Standard_School_Report.pdf

3   Tellus4 Evaluation. (2010). http://webarchive.nationalarchives.gov.uk/20120503103309/www.education.gov.uk/publications/eOrderingDownload/DFE-RR002.pdf

4   *The Annual Bullying Survey 2017*. Ditchthelabel.org

5   Student reports of bullying: Results from the 2015 school crime supplement to the national crime victimization survey. https://nces.ed.gov/pubsearch/pubsinfo.asp?pubid=2017015

6   See Smith, P.K., Robinson, S. & Marchi, B. (2016). Cross-national data on victims of bullying: What is really being measured? *International Journal of Development Science*, 10, 9-19.

7   Juvonen, J., Nishina, A. & Graham, S. (2001). Self-views versus peer perceptions of victim status among early adolescents. In J. Juvonen & S. Graham (eds.), *Peer harassment at school: The plight of the vulnerable and victimised*. New York: Guildford, pp. 105-124.

8   Huitsing, G. & Veenstra, R. (2012). Bullying in classrooms: Participant roles from a social network perspective. *Aggressive Behavior*, 38, 494-509.

03 누가 괴롭히고, 누가 괴롭힘을 당할까?

1   Bronfenbrenner, U. (1979). *The ecology of human development*. Cambridge: Harvard University Press.

2   Smith, P.K. (2014). *Understanding school bullying: Its nature and*

prevention strategies. London: Sage.

3   Salmivalli, C., Lagerspetz, K., Bjorkqvist, K., Osterman, K. &
    Kaukiainen, A. (1996). Bullying as a group process: Participant roles
    and their relations to social status within the group. *Aggressive
    Behavior*, 22, 1-15.

4   Hong, J.S. & Espelage, D.L. (2012). A review of research on bullying
    and peer victimization in school: An ecological system analysis.
    Aggression and Violent Behavior, 17, 311-322.

5   Harter, S. (1985). *Manual for the self-perception profile for children.*
    Denver, CO: University of Denver.

6   Smith, P.K. (2017). Bullying and theory of mind: A review. *Current
    Psychiatry Reviews*, 13, 90-95.

7   Peeters, M., Cillessen, A.H.N. & Scholte, R.H.J. (2010). Clueless or
    powerful? Identifying subtypes of bullies in adolescence. *Journal of
    Youth and Adolescence*, 39, 1041-1052.

8   Ball, H.A., Arsenault, L., Taylor, A., Maughan, B., Caspi, A. &
    Moffitt, T.E. (2008). Genetic and environmental influences on
    victims, bullies and bullyvictims in childhood. *Journal of Child
    Psychiatry and Psychiatry*, 49, 104-112.

9   Karna, A., Voeten, M., Poskiparta, E. & Salmivalli, C. (2010).
    Vulnerable children in varying classroom contexts: Bystanders'
    behaviors moderate the effects of risk factors on victimization.
    Merrill-Palmer Quarterly, 56, 261-282.

10 Bibou-Nakou, I., Tsiantis, J., Assimopoulos, H. & Chatzilambou, P.
    (2012). Bullying/victimization from a family perspective:
    A qualitative study of secondary school student' views. *European
    Journal of Psychology of Education*, 28, 53-71.

11 Anti-Bullying Alliance. *Sexual bullying: Developing effective anti-*

bullying practice. www.anti-bullyingalliance.org.uk

12 Stonewall. (2017). *School report: The experiences of lesbian, gay, bi and trans young people in Britain's schools in 2017.* www.stonewall.org.uk/get-involved/education

13 Lereya, S.T., Samara, M. & Wolke, D. (2013). Parenting behavior and the risk of becoming a victim and a bully/victim: A meta-analysis study. *Child Abuse & Neglect*, 37, 1091-1108.

14 Cornell, D. & Huang, F. (2016). Authoritative school climate and high school student risk behavior: A cross-sectional multi-level analysis of student selfreports. *Journal of Youth and Adolescence*, 45, 2246-2259.

04 학교 폭력의 영향과 결과

1 Guldberg, H. (2010). *Sorry, but it can be GOOD for children to be bullied*. www.dailymail.co.uk/femail/article-1281630/DR-HELENE-GULDBERG-Sorry-GOOD-children-bullied.html

2 Smith, P.K., Talamelli, L., Cowie, H., Naylor, P. & Chauhan, P. (2004). Profiles of non-victims, escaped victims, continuing victims and new victims of school bullying. *British Journal of Educational Psychology*, 74, 565-581.

3 Frisen, A., Hasselblad, T. & Holmqvist, K. (2012). What actually makes bullying stop? Reports from former victims. *Journal of Adolescence*, 35, 981-990.

4 Kanetsuna, T., Smith, P.K. & Morita, Y. (2006). Coping with bullying at school: Children's recommended strategies and attitudes to school-based interventions in Japan and England. *Aggressive Behavior*, 32, 570-580.

5 Wright, M.F. (2016). Cybervictims' emotional responses,

attributions, and coping strategies for cyber victimization:
A qualitative approach. *Safer Communities*, 15, 160-169.

6   Veiga Simao, A.M., Costa Ferreira, P., Freire, I., Caetano, A.P.,
Martins, M.J. & Vieira, C. (2017). Adolescent cybervictimization
– Who they turn to and their perceived school climate. *Journal of
Adolescence*, 58, 12-23.

7   Machmutow, K., Perren, S., Sticca, F. & Alsaker, F.D. (2012). Peer
victimization and depressive symptoms: Can specific coping strategies
buffer the negative impact of cybervictimisation? *Emotional and
Behavioural Difficulties*, 17, 403-420.

8   Wolke, D. & Lereya, T. (2015). Long-term effects of bullying.
Archives of Disease in Childhood, 100, 879-885.

9   Arseneault, L. (2018). Annual research review: The persistent and
pervasive impact of being bullied in childhood and adolescence:
Implications for policy and practice. *Journal of Child Psychology and
Psychiatry*, 59, 405-421.

10 Cyberbullying tragedy: New Jersey family to sue after 12-year-old
daughter's suicide. https://www.nbcnews.com/news/us-news/new-
jersey-familysue-school-district-after-12-year-old-n788506

11 Ttofi, M.M., Farrington, D.P. & Losel, F. (2011). Do the victims of
school bullies tend to become depressed later in life? A systematic
review and metaanalysis of longitudinal studies. *Journal of Aggression,
Conflict and Peace Research*, 3, 63-73.

12 Farrington, D.P., Losel, F., Ttofi, M.M. & Theodorakis, N. (2012).
*School bullying, depression and offending behaviour later in life:
An updated systematic review of longitudinal studies*. Stockholm:
Swedish National Council for Crime Prevention.

13 Nansel, T.R., Craig, W., Overpeck, M.D., Saluja, G., Ruan, W.J. &

The Health Behaviour in School-aged Children Bullying Analyses
Working Group. (2004). Cross-national consistency in the
relationship between bullying behaviors and psychosocial
adjustment. *Archives of Pediatrics and Adolescent Medicine*, 158,
730-736.

14   Brown, S. & Taylor, K. (2008). Bullying, education and earnings:
Evidence from the National child development study. *Economics of
Education Review*, 27, 387-401.

15   Rivers, I., Poteat, V.P., Noret, N. & Ashurst, N. (2009). Observing
bullying at school: The mental health implications of witness status.
School Psychology Quarterly, 24, 211-223.

05 어떻게 도울 수 있을까?

1   Ennis, J. (2012). *Unbelievable-From My Childhood Dreams To
Winning Olympic Gold*. London: Hodder & Stoughton.

2   Ttofi, M.M. & Farrington, D.P. (2011). Effectiveness of school-
based programs to reduce bullying: A systematic and meta-analytic
review. *Journal of Experimental Criminology*, 7, 27-56.

3   Cowie, H. & Smith, P.K. (2010). Peer support as a means of
improving school safety and reducing bullying and violence.
In B. Doll, W. Pfohl & J. Yoon (eds.), *Handbook of youth prevention
science*. New York: Routledge, pp. 177-193.

4   Menesini, E., Nocentini, A. & Palladino, B.E. (2012). Empowering
students against bullying: and cyberbullying: Evaluation of an Italian
peer-led model. *International Journal of Conflict and Violence*, 6,
313-320.

5   Thompson, F. & Smith, P.K. (2013). Bullying in schools. In N. Purdy
(ed.), *Pastoral care 11-16: A critical introduction*. London:

Bloomsbury, pp. 64-95.

6 Purdy, N. & Smith, P.K. (2016). A content analysis of school anti-bullying policies in Northern Ireland. *Educational Psychology in Practice*, 32, 281-295.

7 Cornell, D., Shukla, K. & Konold, T. (2015). Peer victimization and authoritative school climate: A multilevel approach. *Journal of Educational Psychology*, 107, 1186.

06 괴롭힘이 발생하면?

1 Department for Education. (2017). Preventing and tackling bullying: Advice for headteachers, staff and governing bodies. www.gov.uk/government/publications

2 Ramirez, M., Ten Eyck, P., Peek-Asa, C., Onwuachi-Willig, A. & Cavanaugh, J.E. (2016). Evaluation of Iowa's anti-bullying law. *Injury Epidemiology*, 3(1), 15.

3 Thompson, F. & Smith, P.K. (2011). *The use and effectiveness of anti-bullying strategies in schools*. DFE-RR098; and Thompson, F. & Smith, P.K. (2012). Anti-bullying strategies in schools – What is done and what works. *British Journal of Educational Psychology*, Monograph Series II, 9, 154-173.

4 Ayers, S.L., Wagaman, M.A., Geiger, J.M., Bermudez-Parsai, M. & Hedberg, E.C. (2012). Examining school-basded bullying interventions using multilevel discrete time hazard monitoring. *Prevention Science*, 13, 539-550.

5 Rigby, K. & Griffiths, C. (2010). *Applying the method of shared concern in Australian schools: An evaluative study*. Canberra: Department of Education, Employment and Workplace Relations (DEEWR).

6   Garandeau, C.F., Poskiparta, E. & Salmivalli, C. (2014). Tackling
     acute cases of school bullying in the KiVa anti-bullying program:
     A comparison of two approaches. *Journal of Abnormal Child
     Psychology*, 40, 289-300.

7   C. Salmivalli, personal communication, 01/11/2016.

8   Rigby, K. (2016). School perspectives on bullying and preventative
     strategies: An exploratory study. *Australian Journal of Education*, 61,
     24-39.

07 괴롭힘에 대한 더 많은 이야기

1   Olweus, D. & Limber, S. (2010). The Olweus bullying prevention
     program: Implementation and evaluation over two decades. In S.
     Jimerson, S. Swearer & D. Espelage (eds.), *Handbook of bullying in
     schools: An international perspective*. New York: Routledge,
     pp. 377-401.

2   Salmivalli, C. & Poskiparta, E. (2012). KiVa antibullying program:
     Overview of evaluation studies based on a randomized controlled
     trial and national rollout in Finland. *International Journal of Conflict
     and Violence*, 6, 294-302.

3   Nocentini, A. & Menesini, E. (2016). KiVa anti-bullying program in
     Italy: Evidence of effectiveness in a randomised control trial.
     Prevention Science, 17, 1012-1023.

4   Spiel, C., & Strohmeier, D. (2011). National strategy for violence
     prevention in the Austrian public school system: Development and
     implementation. *International Journal of Behavioral Development*,
     35, 412-418.

5   Gradinger, P., Yanagida, T., Strohmeier, D. & Spiel, C. (2016).
     Effectiveness and sustainability of the ViSC social competence

program to prevent cyberbullying and cyber-victimization: Class and individual level moderators. *Aggressive Behavior*, 42, 181-193.

6   Brown, E.C., Low, S., Smith, B.H. & Haggerty, K.P. (2011). Outcomes from a school-randomized controlled trial of *Steps to Respect:* A bullying prevention Program. *School Psychology Review*, 40, 423-443.

7   Cross, D., Monks, H., Hall, M., Shaw, T., Pintabona, Y., Erceg, E. et al. (2011). Three year results of the friendly schools whole-of-school intervention on children's bullying behavior. *British Educational Research Journal*, 37, 105-129.

8   Campbell, M. & Bauman, S. (eds.) (2018). *Reducing cyberbullying in schools*. London: Elsevier.

9   Ttofi, M.M. & Farrington, D.P. (2011). Effectiveness of school-based programs to reduce bullying: A systematic and meta-analytic review. *Journal of Experimental Criminology*, 7, 27-56.

10 Smith, P.K. (2016). School-based interventions to address bullying. *Estonian Journal of Education*, 4, 142-164.

11 Hawley, P.H. & Williford, A. (2015). Articulating the theory of bullying intervention programs: Views from social psychology, social work, and organizational science. *Journal of Applied Developmental Psychology*, 37, 3-15.

12 Flygare, E., Frånberg, G-M., Gill, P., Johansson, B., Lindberg, O., Osbeck, C. & Söderström, Å. (2011). *Evaluation of anti-bullying methods*. Report 353. Stockholm: National Agency for Education. www.skolverket.se

13 Yeager, D.S., Fong, C.J., Lee, H.Y. & Espelage, D.L. (2015). Declines in efficacy of anti-bullying programs among older adolescents: Theory and a three-level meta-analysis. *Journal of Applied*

Developmental Psychology, 37, 36–51.

14 Ellis, B.J., Volk, A.A., Gonzalez, J-M. & Embry, D.D. (2016). The meaningful roles intervention: An evolutionary approach to reducing bullying and increasing prosocial behavior. *Journal of Research on Adolescence*, 22, 622–637.

15 Blakemore, S-J. & Mills, K.L. (2014). Is adolescence a sensitive period for sociocultural processing? *Annual Review of Psychology*, 65, 187–207.

16 Beckman, L. & Svensson, M. (2015). The cost-effectiveness of the Olweus bullying prevention program: Results from a modeling study. *Journal of Adolescence*, 45, 127–139.

17 Finkelhor, D., Turner, H.A. & Hamby, S. (2012). Let's prevent peer victimization, not just bullying. *Child Abuse & Neglect*, 36, 271–274.

18 Ybarra, M.L., Espelage, D.L. & Mitchell, K.J. (2014). Differentiating youth who are bullied from other victims of peer-aggression: The importance of differential power and repetition. *Journal of Adolescent Health*, 55, 293–300.

19 Monks, C. & Coyne, I. (eds.). (2011). *Bullying in different contexts*. Cambridge: Cambridge University Press.

20 Olweus, D. (1993). *Bullying at School: What We Know and What We Can Do*. Oxford: Blackwell, p. 48.

추가자료

https://cehs.unl.edu/BRNET/
    괴롭힘 연구 네트워크는 미국에 기반을 두고 있으며 연구자 간 국제
    협업을 돕는다.

https://cyberbullying.org/
    사이버 괴롭힘을 다루는 자선 단체. 온라인 괴롭힘의 증거용으로
    스크린 샷을 어떻게 찍는지 등 사이버 괴롭힘에 대한 다수의 유용한
    대처법을 제공한다.

https://ibpaworld.org/
    국제 괴롭힘 방지 협회는 미국에 기반을 두고 있지만 전 세계
    실무자와 연구자 간 협업을 돕는다.

http://www.antibullying.eu/
    유럽 괴롭힘 방지 네트워크는 유럽 각국의 실무자와 연구자 간
    협업을 돕는다.

www.anti-bullyingalliance.org.uk/
    모든 종류의 괴롭힘을 다루는 종합 웹 사이트. 영국 어린이 사무국
    소속으로 '괴롭힘 방지 주간' 행사를 주최한다.

www.anti-bullyingalliance.org.uk/tools-information/all-about-
    bullying/cyberbullying-0
    사이버 괴롭힘(및 일반적 괴롭힘)에 관한 웹 사이트로 사이버

괴롭힘에 대한 정보와 어떻게 도움을 받을 수 있는지에 대한 유용한
정보가 많다.

www.bullying.co.uk/cyberbullying/

패밀리 라이브즈Family Lives 소속의 불링 UK는 괴롭힘을 당하는
모든 사람에게 조언과 지원을 제공하는 선도적 자선 단체이다.

www.childnet.com/

차일드넷은 아동과 학부모에게 안전한 인터넷 사용법을 조언한다.
힌디어, 펀자브어, 몰타어 등 다양한 언어로 제작된 소책자를
제공한다.

www.ditchthelabel.org/

괴롭힘 방지 자선 단체로 평등을 추구하고 괴롭힘과 편견으로
고통받는 아동 및 청소년을 지원한다.

www.getsafeonline.org/

사기, 모욕, 그 외에 온라인상에서 접할 수 있는 문제들로부터
자신과 가족을 보호하는 데 도움이 되는 인식 개선 자료를 제공한다.

www.gov.uk/government/publications/preventing-and-tackling-
bullying

학교를 위한 괴롭힘 방지 및 대응에 관한 영국 정부의 지침으로
사이버 괴롭힘에 관한 지침서도 포함하고 있다.

www.internetmatters.org/issues/cyberbullying/

인터넷 사용 시 아동이 경험할 수 있는 많은 문제에 대한 지침을
제공한다.

www.kidscape.org.uk/cyberbullying/

아동의 안전에 중점을 두고 아동의 안전을 지키는 데 도움이 되는
기술 및 태도 교육을 통한 위험 예방을 강조한다.

www.saferinternet.org.uk/

아동 및 청소년의 인터넷상의 안전을 지키는 데 도움이 되는 온라인
안전에 관한 팁, 조언, 자료를 제공한다.

www.thinkuknow.co.uk/

싱크유노우(국가 범죄 수사국의 교육 프로그램)는 5~17세 아동 및 청소년이 온라인상에서 접할 수 있는 위험을 파악하고 도움이 필요할 때 연락 가능한 곳에 대한 정보를 알려 준다.

어플리케이션

Bully Button:

아동이 한 번의 클릭으로 사건을 기록하여 어른에게 전송할 수 있는 앱이다.

ReThink:

리싱크ReThink™는 청소년이 태도를 바꾸어 온라인상에 해로운 메시지를 게시하지 않도록 하는 데 중요한 도움을 준다. 온라인상의 결정을 내리기 전 잠시 멈추고 검토하고 다시 생각하는 시간을 가짐으로써, 청소년은 온라인과 오프라인에서 더 나은 결정을 하는 법을 배운다. (더 자세한 정보는 www.rethinkwords.com/ 참조.)

참고문헌

J. Patchin & S. Hinduja (2012). *Cyberbullying Prevention and Response* (Routledge)

K. Rigby (2010). *Bullying Interventions in Schools* (ACER)

P. K. Smith (2014). *Understanding School Bullying* (Sage)

R. Kowalski, S. Limber, & P. Agatston (2012). *Cyberbullying* (Blackwell/ Wiley)

S. Bauman (2011). *Cyberbullying – What Counselors Need to Know* (ACA)

T. Migliaccio & J. Raskauskas (2015). *Bullying as a Social Experience* (Ashgate)